A. Payet
M. Stéfanou
C. Vial
A. Leon Moreno

Retrouvez les vidéos et les enregistrements audio :
• sur l'espace digital **jaime.cle-international.com**
• ou en scannant le QR Code ci-dessous

Tableau des contenus

UNITÉS	OBJECTIFS DE COMMUNICATION	GRAMMAIRE
Unité 0 p. 7 Mes premiers pas	• Saluer • Communiquer en classe	
Unité 1 p. 11 Salut les copains !	• Se présenter • Présenter quelqu'un	• C'est qui ? / C'est…, Voici + prénom / nom • Le verbe s'appeler • Les pronoms toniques : moi et toi • Les pronoms personnels sujets • Les verbes s'appeler, être, parler, habiter à + ville
Unité 2 p. 25 C'est reparti pour un an !	• Parler de son collège • Parler de son emploi du temps • Poser des questions	• Les articles indéfinis • Qu'est-ce que c'est ? / C'est / ce sont… • C'est… / Ce n'est pas… • Le verbe avoir • L'interrogation avec quel / quels / quelle / quelles et où • Les prépositions de lieu
Unité 3 p. 39 M'amuser, j'aime ça !	• Parler des loisirs • Exprimer les goûts • Parler des moments de la journée	• Les articles définis • Les verbes aimer, adorer, détester, préférer • La négation : je n'aime pas… • L'impératif affirmatif • Le pluriel des noms et des adjectifs
Entraînement au DELF A1 p. 53		
Unité 4 p. 55 Une famille en or	• Présenter sa famille • Parler du caractère • Fêter un anniversaire	• Les adjectifs possessifs (un seul possesseur) • Article zéro : je suis professeur • La négation : Je n'ai pas de sœur. • Le féminin des adjectifs qualificatifs • Venir, pouvoir, vouloir • Aller à / au / chez
Unité 5 p. 69 Bon appétit !	• Parler de son alimentation • Proposer / Demander un aliment • Caractériser les aliments	• Les articles partitifs du, de la, des • Il y a / Il n'y a pas de • Verbes manger et prendre au présent • La quantité : beaucoup de, peu de, trop de • Conditionnel de politesse : Je voudrais…
Unité 6 p. 83 On a du style !	• Dire ce que l'on porte • Caractériser les vêtements • Faire des achats	• Les adjectifs démonstratifs • Le verbe mettre au présent • Pourquoi… ? / Parce que… • Le pluriel des adjectifs irréguliers • Les nombres de 70 à 100 / Combien • Futur proche : aller + infinitif
Entraînement au DELF A1 p. 97		

ISBN : 978 909 035748 6

VOCABULAIRE	PHONÉTIQUE	PROJET	CIVILISATION	JEU D'ÉVASION
• Les mots de politesse et de salutation • L'alphabet • Les nombres de 0 à 30 • Les jours de la semaine et les mois de l'année **Transdisciplinarité** Mathématiques				
• Les informations personnelles (*nom, prénom, adresse*) • Les nationalités • Les pays et les langues **Transdisciplinarité** Géographie	• L'intonation	• Se présenter et présenter ses amis en vidéo	• La francophonie **Valeurs éthiques** Respecter la diversité	Les hackers attaquent
• Le matériel scolaire et informatique • Les couleurs • Les heures • Les lieux du collège, les matières • Les nombres de 31 à 69 **Transdisciplinarité** Histoire	• La liaison	• Faire une carte postale sonore du collège	• Les noms de collège en France **Valeurs éthiques** Respecter les horaires	Complot au collège
• Les loisirs • Le corps • Les moments de la journée • Les sorties **Transdisciplinarité** Sport	• Le son [wa]	• Réaliser un sondage sur les loisirs	• L'e-sport • Le parc *Astérix* **Valeurs éthiques** Élargir ses connaissances	Le « Van Gogh » vandalisé
• Les noms de métiers • Quelques adjectifs pour décrire • Les animaux de compagnie • Les mots en relation avec un anniversaire **Transdisciplinarité** Science de la vie et de la terre	• Les sons [õ] et [ã]	• Réaliser un album de famille	• Les animaux de compagnie **Valeurs éthiques** Respecter et comprendre les animaux	Libérer la famille Abams
• Les repas • Les appréciations : *c'est bon / mauvais / sucré…* • Le menu : entrée, plat principal, dessert, boisson **Transdisciplinarité** Science de la vie et de la terre	• Les sons [n] et [ɲ]	• Faire une carte interactive des plats francophones	• L'alimentation • Les cuisines du monde **Valeurs éthiques** Manger équilibré	Panique à la cantine
• Les vêtements • Les saisons • Les achats **Transdisciplinarité** Mathématiques	• Les sons [y] et [u]	• Organiser une vente de vêtements pour un voyage de fin d'année	• Collecte de vêtements **Valeurs éthiques** Recycler de façon utile	Drôle de fête de fin d'année

MODE D'EMPLOI

UNE PAGE D'OUVERTURE ACTIVE

- Une image en lien avec la thématique de l'unité
- L'intitulé du projet
- Les objectifs de communication de l'unité
- Une activité pour introduire la thématique
- Un encadré vocabulaire pour s'exprimer

TROIS DOUBLES PAGES DE LEÇONS

LEÇON 1

- Une vidéo en lien avec le projet
- Des activités en binôme ou en groupe pour favoriser l'interaction orale
- Des documents variés, authentiques ou inspirés de l'actualité
- Un encadré « Phonétique » pour s'entraîner à prononcer le vocabulaire
- Des étapes détaillées pour guider la réalisation du projet final

LEÇON 2

- Des intertitres pour suivre la progression de la double page
- Un zoom « Culture francophone »
- Des activités de médiation
- Une activité transdisciplinaire par unité
- Des encadrés « Grammaire » pour observer la règle en contexte à partir d'un document écrit

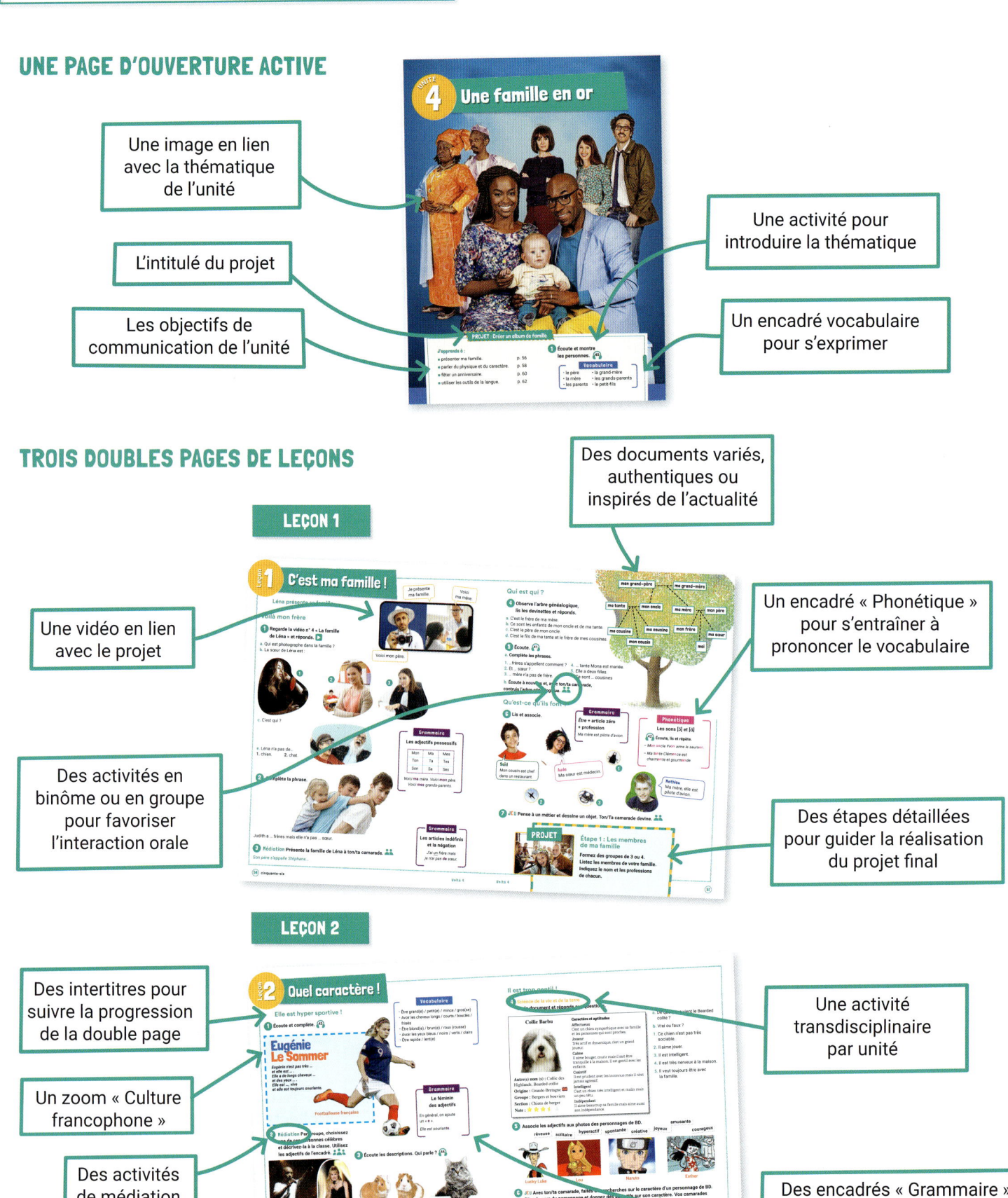

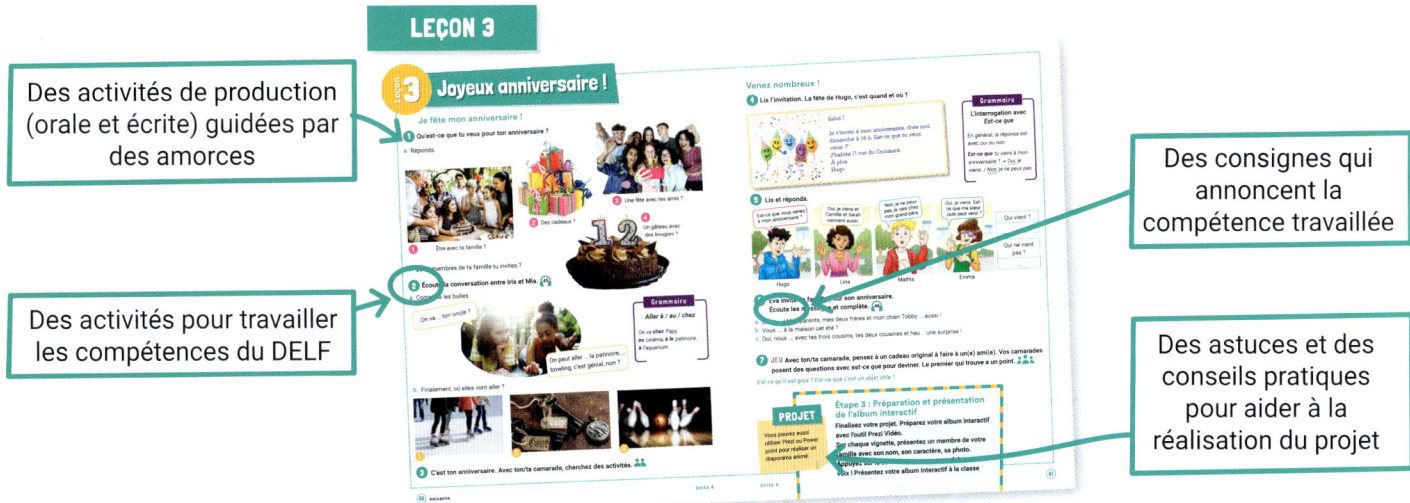

Des activités de production (orale et écrite) guidées par des amorces

Des consignes qui annoncent la compétence travaillée

Des activités pour travailler les compétences du DELF

Des astuces et des conseils pratiques pour aider à la réalisation du projet

LES PAGES « OUTILS DE LA LANGUE »

UNE DOUBLE PAGE « GRAMMAIRE »

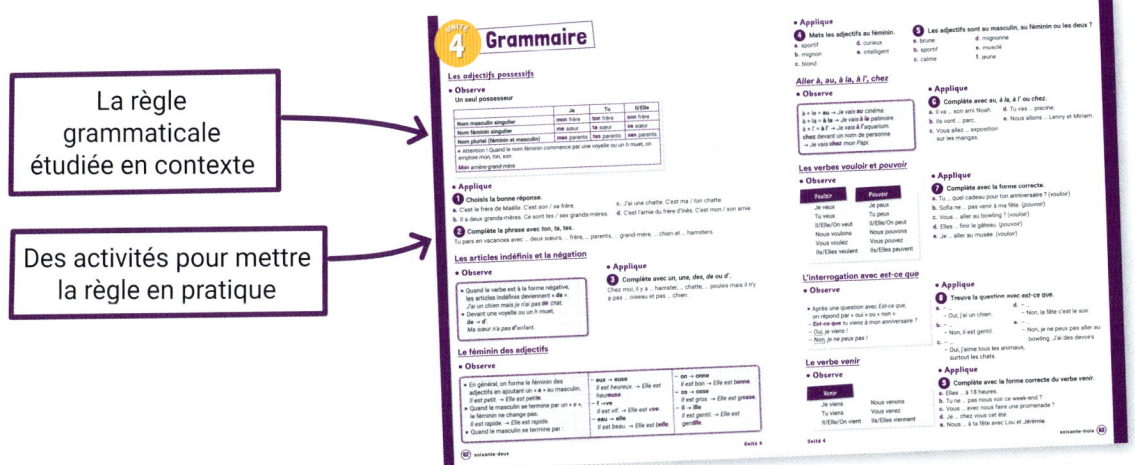

La règle grammaticale étudiée en contexte

Des activités pour mettre la règle en pratique

UNE PAGE « VOCABULAIRE »

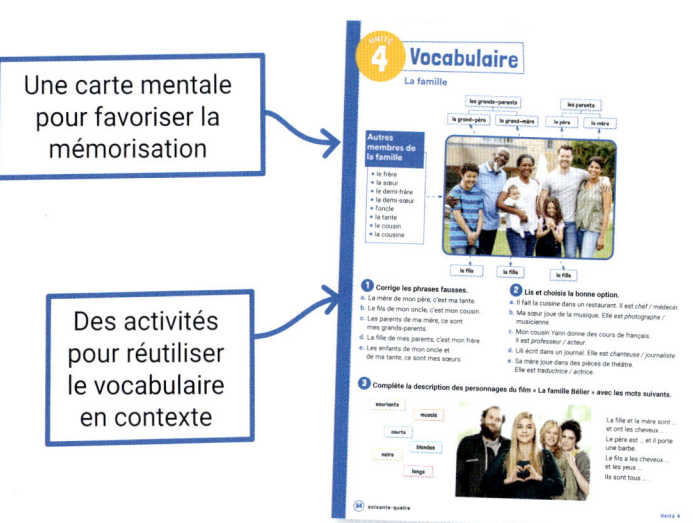

Une carte mentale pour favoriser la mémorisation

Des activités pour réutiliser le vocabulaire en contexte

UNE DEMI-PAGE « PHONÉTIQUE »

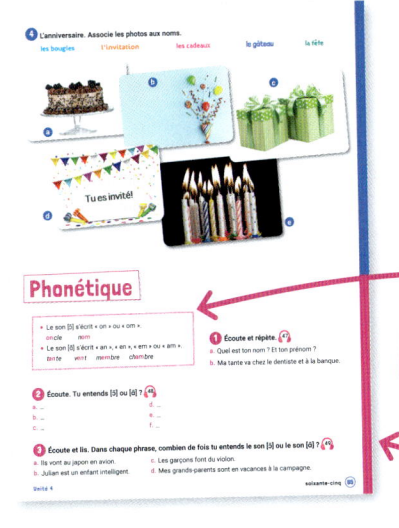

Une explication du point de phonétique étudié dans les leçons

Des activités pour travailler l'écoute et la prononciation

cinq 5

UN JEU D'ÉVASION

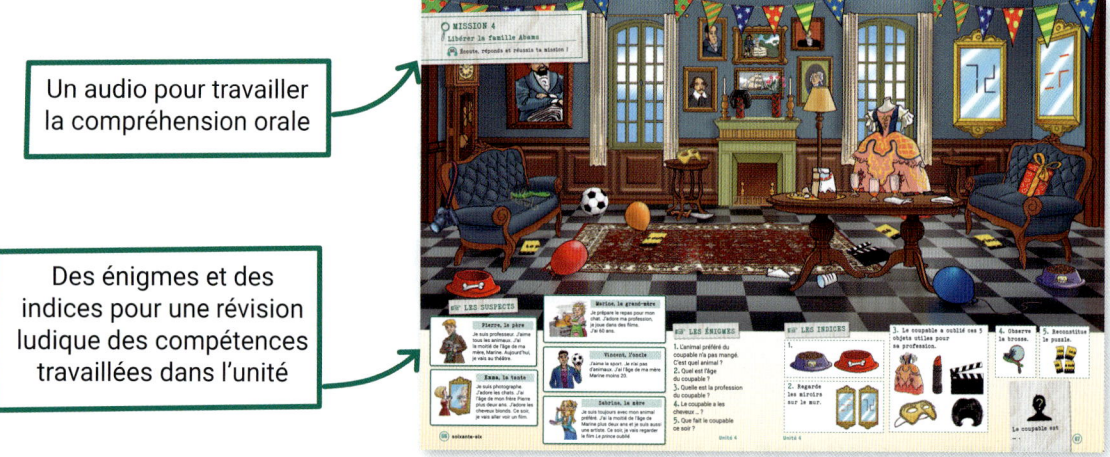

Un audio pour travailler la compréhension orale

Des énigmes et des indices pour une révision ludique des compétences travaillées dans l'unité

UNE PAGE « BILAN »

À la fin de chaque unité, un bilan pour évaluer ses compétences.

Un portfolio pour s'autoévaluer

UNE DOUBLE PAGE « ENTRAÎNEMENT AU DELF »

Des entraînements au DELF pour vérifier ses acquis.

ET AUSSI...

- un cahier d'activités
- *J'aime pour tous*, un cahier d'attention à la diversité
- des jeux interactifs
- des posters
- un guide pédagogique
- un fichier d'évaluations
- les vidéos et les pistes audio accessibles sur l'espace digital jaime.cle-international.com

UNITÉ 0 — Mes premiers pas

Bonjour, ça va ?

1 Montre les 4 mots français.

Bonjour — Salut — Bona sera — Hello — Merci — Hola — ευχαριστώ πολύ — Danke — do widzenia — 再見 — Au revoir

Vocabulaire
- Bonjour
- Salut
- Au revoir
- Ça va ?
- À demain
- Bonne journée
- Merci

2 Écoute et associe. 🎧 01

a

b

c

3 Choisissez une situation et jouez la scène.

4 Observe et associe les photos aux mots.

un bus — un croissant — une soupe — un robot — un professeur — une télé — une guitare — un téléphone

a

b

c

d

e

f

g

5 **Médiation** Cherchez et dites d'autres mots identiques en français et dans votre langue.

 un sandwich

6 **JEU** Choisissez et dessinez un objet. Vos camarades devinent le mot.

 une tomate

UNITÉ 0 — Mes premiers pas

Des lettres et des villes

7 Écoute et répète.

A Athènes	B Bruxelles	C Calcutta	D Dublin	E Édimbourg	F Fès	G Genève
H Hanoï	I Istanbul	J Jakarta	K Kigali	L Lisbonne	M Madrid	N Nicosie
O Oran	P Paris	Q Québec	R Rio	S Séoul	T Tokyo	U Udipi
V Vienne	W Washington	X Xi'an	Y York	Z Zurich		

8 Mets les mots dans l'ordre et trouve 4 villes de l'activité 7.

a. Ï–H–N–O–A
b. G–K–I–L–A–I
c. R–U–Z–H–I–C
d. A–A–A–R–J–K–T

9 Choisis une ville de l'activité 7. Dicte les lettres à ton/ta camarade.

10 Écoute et répète.

- 0 : zéro
- 1 : un
- 2 : deux
- 3 : trois
- 4 : quatre
- 5 : cinq
- 6 : six
- 7 : sept
- 8 : huit
- 9 : neuf
- 10 : dix

11 **Mathématiques** Complète. Trouve le chiffre mystère.

a. 0 – 2 – 4 – …
b. 1 – 2 – 4 – …
c. 10 – 9 – 8 – …
d. 8 – 6 – 4 – …

12 Écoute et complète.

- 11 : onze
- 12 : douze
- 13 : treize
- 14 : quatorze
- 15 : quinze
- 16 : seize
- 17 : dix-sept
- 18 : …
- 19 : …
- 20 : vingt
- 21 : vingt et un
- 22 : vingt-deux
- 23 : vingt-trois
- 24 : …
- 25 : vingt-cinq
- 26 : vingt-six
- 27 : …
- 28 : vingt-huit
- 29 : vingt-neuf
- 30 : trente

Des nombres et des opérations

13 **Mathématiques** Réponds. Quel est le résultat ?

a. 14 – 9 – ... = 2
b. 4 + ... – 6 = 6
c. ... + 1 – 11 = 5
d. 12 – 5 + ... = 8

14 **JEU** Inventez une opération. Le premier qui trouve la réponse invente une autre opération.

Les jours et les mois de l'année

Lundi   Mardi   Mercredi   Jeudi   Vendredi   Samedi   Dimanche

15 Écoute, lis et répète. 05

16 Le cours de français, c'est quel(s) jour(s) ?

17 Observe le calendrier. Lis les dates surlignées.

La chandeleur
La fête de l'Europe
La fête du travail
La fête nationale
La journée de la Terre
Noël

Unité 0

UNITÉ 0 — Mes premiers pas

18 Réponds.
a. Le 14 juillet, c'est la …
b. Le 22 avril, c'est …
c. Le 25 décembre, c'est …
d. Le jour de la Chandeleur, on fait des …

19 Médiation Cherchez une autre fête française. Indiquez le jour et le mois de l'année.

En classe, consignes

20 Lis les consignes et associe.

1 2 3 4 5

a. Lis le texte.
b. Écris la phrase.
c. Réponds à la question.
d. Observe la photo.
e. Écoute le document.

21 Écoute, lis les phrases et associe. 06

a b c

d e f

g h

1. Je ne comprends pas.
2. Ouvrez le livre page 2.
3. Vous pouvez écrire le mot au tableau, s'il vous plaît ?
4. Comment on dit « hello » en français ?
5. Vous pouvez épeler ?
6. Prenez votre cahier.
7. Chut ! Taisez-vous !
8. Vous pouvez répéter, s'il vous plaît ?

22 JEU Dites une consigne. Vos camarades miment l'action.

UNITÉ 1 — Salut les copains !

Elle s'appelle Angèle, elle est belge et elle est chanteuse.

PROJET : Se présenter et présenter ses amis en vidéo

J'apprends à :
- me présenter et présenter quelqu'un. — p. 12
- connaître les nationalités. — p. 14
- dire où j'habite et quelle(s) langue(s) je parle. — p. 16
- utiliser les outils de la langue. — p. 18

Réponds.

a. Quel est son nom ?
b. Quelle est sa nationalité ?

Leçon 1 — Comment tu t'appelles ?

Léna et Clara saluent un nouvel élève.

C'est Lison !

1 Regarde la vidéo n° 1 « C'est qui ? » et réponds.

a. Associe les noms et les photos.

Clara   Monsieur Lambert   Jason   Léna

① ② ③ ④

b. Mets les vignettes dans l'ordre.

① C'est Jason.
② Il est anglais ?
③ Non, il est américain.
④ C'est qui ?

> **Grammaire**
> **Pour présenter quelqu'un**
> *C'est qui ?*
> **C'est** madame Carrère.
> **Voici** Adrien.

2 Joue la scène de l'activité précédente avec ton/ta camarade. Attention à l'intonation.

3 **JEU** Formez des groupes. Devinez qui parle.

> **Grammaire**
> **Moi / toi**
> – Comment tu t'appelles ?
> – *Moi*, je m'appelle Jason, et *toi* ?

douze — Unité 1

Moi, je m'appelle Lola

4 Écoute et complète les dialogues. Utilise les encadrés. 🎧 07

5 Avec ton/ta camarade, imaginez un dialogue entre ces deux jeunes. Jouez la scène. 👥

… il s'appelle ?
… s'appelle Maël.
C'est le nouveau … de maths.
Comment il … ?
Comment tu … ?
Moi, je m'appelle Inés et … ?

Ça s'écrit comment ?

6 Écoute et choisis le nom correct. 🎧 08

Je m'appelle Djibril Alami. Alami, ça s'écrit A-L-A-M-I.

Grammaire

S'appeler

Je m'appe**lle**
Tu t'appe**lles**
Il/Elle s'appe**lle**

a. Alvaro LOPEZ / Alvaro LOPES.
b. Aya MANDUNA / Aya MENDULA.
c. Jessica PARKER / Jessica PARQER.

7 **JEU** Épelle très vite le nom d'un camarade de classe. Il se lève et épelle à son tour le nom d'un autre camarade. 👥

PROJET

Étape 1 : Se présenter et présenter ses amis

Formez des groupes de 4 ou 5. Vous saluez et vous dites votre nom et votre prénom. Présentez un ou deux amis. Épelez leur prénom et leur nom.

Unité 1

Leçon 2 — Quelle est ta nationalité ?

Tu es anglaise ?

1 Observe les images, lis les bulles et corrige l'erreur. Aide-toi du drapeau.

a. Tu es français ? — Non, je suis … .

c. Elles sont anglaises ? — Non, elles sont … .

b. Vous êtes marocains ? — Non, moi, je suis … et lui, il est … .

d. Vous êtes japonais ? — Non, nous sommes … .

Grammaire

Les pronoms sujets et le verbe *être*

- **Je** suis
- **Tu** es
- **Il/Elle/On** est
- **Nous** sommes
- **Vous** êtes
- **Ils/Elles** sont

Vocabulaire

Il/Elle est…
- français / française
- libanais / libanaise
- canadien / canadienne
- tunisien / tunisienne
- marocain / marocaine
- grec / grecque
- chinois / chinoise
- belge / belge
- russe / russe

2 Écoute et indique la bonne terminaison. 🎧 09

a. grec / grecque
b. espagnol / espagnole
c. libanais / libanaise
d. canadien / canadienne

3 Interroge ton/ta camarade comme dans l'exemple. 👥
– Le féminin de tunisien, c'est…
– tunisienne.

4 Choisis une nationalité. Ton/Ta camarade devine. Utilise le verbe *être*. 👥
– Tu es français ?
– Non.
– Tu es marocain ?
– Oui, je suis marocain.

À la découverte du monde francophone

5 Présente ces 4 personnalités francophones et dis leur nationalité.

a Matt Pokora   **b** Cœur de pirate   **c** Stromae   **d** Aya Nakamoura

6 **Médiation** Avec ton/ta camarade, choisissez une des personnalités de l'activité 5. Faites des recherches sur elle et présentez-la à la classe.

7 **Géographie** Avec ton/ta camarade, place les pays francophones sur une carte du monde et trouve la capitale.

8 **Médiation** Choisis une personnalité que tu aimes beaucoup. Présente-la à tes camarades.

PROJET

Étape 2 : Donner la nationalité

Toujours en groupes, dites quelle est votre nationalité et la nationalité de vos amis.

Leçon 3 : Tu parles combien de langues ?

Je parle français et anglais

1 Lis et réponds.

Les pays et les langues

En France, on parle français. Mais dans d'autres pays, on parle plusieurs langues.

Au Luxembourg, par exemple, on parle trois langues : l'allemand, le français et le luxembourgeois.

Et en Suisse, on parle l'allemand, le français, l'italien et le romanche.

a. Où on parle le français et l'allemand ?
b. On parle romanche dans quel pays ?
c. Et dans ton pays, on parle quelle(s) langue(s) ?

2 Pose des questions à ton/ta camarade sur les langues qu'il/elle parle.

3 **Médiation** Avec ton/ta camarade, choisissez un pays francophone et dites quelle(s) langue(s) on parle dans ce pays.

Grammaire

Parler + langue

Je parle
Tu parles
Il/Elle/On parle   français.
Nous parlons
Vous parlez
Ils/Elles parlent

Phonétique

L'intonation

En français, quand c'est une question, la voix monte.
Tu parles quelles **langues** ? ↗
Tu habites **où** ? ↗

Tu habites où ?

4 Écoute. 🎧10

a. Associe les personnes et les pays.

Élisabeth

Maurice

Akim

> **Grammaire**
>
> *Habiter à…*
>
> J'habit**e**
> Tu habit**es**
> Il/Elle/On habit**e**   à Lyon.
> Nous habit**ons**
> Vous habit**ez**
> Ils/Elles habit**ent**

1
Abidjan

2
Casablanca

3
Montréal

b. Réponds.
1. Qui parle 3 langues ?
2. Qui parle anglais ?
3. Où habitent Élisabeth, Maurice et Akim ?

5 Utilise les mots pour présenter les personnes.

Lison – Paris – français
→ *Lison habite à Paris.*
Elle parle français.
a. Dan – Munich – allemand
b. Clarisse et Lucas – Genève – français
c. Fred et toi – Acapulco – espagnol

6 **JEU** Qui suis-je ? Pose des questions au groupe et devine qui tu es. 👥

– *Je suis américain ?*
– *Non, tu es français.*
– *Je parle anglais ?*
– *Un peu.*
– *Je suis Omar Sy ?*
– *Oui, c'est ça !*

PROJET

Étape 3 : Préparation et présentation de la vidéo

Vous voulez faire une selfie interactive ?
C'est possible ! Utilisez l'application Tik Tok !

Dans cette dernière partie, vous réalisez votre vidéo. Dites où vous habitez, vous et vos amis, et quelle(s) langue(s) vous parlez. Trouvez une carte de votre pays pour montrer votre ville. Reprenez ensuite tous les éléments des 3 étapes du projet et enregistrez votre vidéo. Présentez la vidéo à vos camarades.

Unité 1 — Grammaire

C'est / Voici

• **Observe**

> • Pour présenter une personne ou plusieurs personnes, on utilise **c'est** ou **voici** + nom / prénom.
> **C'est** Rosa et Akim.
> **Voici** Clara.

• **Applique**

1 Présente ces deux personnes.

Liam — Madame Morin, la professeure d'histoire

Les pronoms personnels sujets et le verbe être

• **Observe**

> • Les pronoms personnels sujets sont obligatoires devant les verbes conjugués, sauf à l'impératif.
> • En français, on utilise **tu** pour parler à une personne connue (un ami, la famille, etc.) et **vous** pour parler à une personne que nous ne connaissons pas (un professeur, par exemple).
> • Le pronom **on** = nous, mais il se conjugue au singulier, comme *il* ou *elle*.
>
> **Être**
> **Je** suis
> **Tu** es
> **Il/Elle/On** est
> **Nous** sommes
> **Vous** êtes
> **Ils/Elles** sont
>
> • On utilise le verbe être pour indiquer la nationalité, la profession et pour décrire.
> *Il est belge.*
> *Je suis chanteuse.*
> *Tu es grande.*

• **Applique**

2 Remplace le sujet souligné par le bon pronom.
a. Dao est vietnamienne.
b. Abdel et Lucas sont à Paris.
c. Anne et Paolo parlent français et espagnol.
d. Rebecca et Alice sont canadiennes.

3 Complète avec le verbe être.
a. Je … suisse.
b. Nous … grecques.
c. Il … chinois.
d. Tu … canadienne.
e. Elles … petites.
f. Vous … très grand.

4 Complète avec *c'est, voici, il, elle, ils, elles.*
a. … Olga. … est russe.
b. … Abel et Anaïs. … sont français.
c. … Nao. … est japonais.
d. … Emma et Léa. … sont allemandes.

Les pronoms toniques *toi* et *moi*

• Observe

- Les pronoms toniques s'utilisent pour renforcer le sujet.
- Attention ! Ils ne remplacent pas un sujet.
  Moi, j'habite à Montréal.
  Toi, tu t'appelles Akim.

• Applique

5 Complète avec *toi* et *moi*.
a. – Je m'appelle Aaron, et … ?
– …, je m'appelle Jade.
b. – J'habite à Genève et … ?
– …, j'habite à Paris.

Le verbe *s'appeler*

• Observe

S'appeler

Je m'appe**lle**
Tu t'appe**lles**
Il/Elle s'app**elle**
Nous nous appe**lons**
Vous vous appe**lez**
Ils/Elle s'appe**llent**

- Aux 3 personnes du singulier (*je, tu, il/elle*) et à la 3ᵉ personne du pluriel (*ils/elles*), le verbe *s'appeler* s'écrit avec **deux -l**.

• Applique

6 Fais des phrases avec les éléments suivants et le verbe *s'appeler*.
a. moi / Nina / je
b. nous / Mohamed et Noah
c. ils / Timéo et Lola
d. toi / Louana / tu
e. vous / Kenzo et Yuri
f. elle / Hana

Les verbes du 1ᵉʳ groupe *parler* et *habiter*

• Observe

Parler et habiter

- Les verbes *parler* et *habiter* sont des verbes du premier groupe. Ces verbes se terminent en « er » et ont tous la même conjugaison, sauf le verbe *aller*.
- Au présent de l'indicatif, les terminaisons sont : **-e**, **-es**, **-e**, **-ons**, **-ez**, **-ent**.
- Les 3 personnes du singulier et la 3ᵉ personne du pluriel se prononcent de la même manière.
- Le verbe *habiter* + préposition à, indique l'endroit où on vit.
  J'**habite** à Madrid.

• Applique

7 Complète avec les verbes *parler* ou *habiter*.
a. Tu … anglais et français.
b. Nous … à Rome.
c. Vous … quatre langues.
d. Elles … à Bruxelles.
e. Je … anglais et chinois.

8 Complète la présentation de Lucas avec les verbes : *être, s'appeler, parler, habiter*.

Il … Lucas. Il … espagnol. Il … à Malaga. Il … espagnol, français et anglais.

UNITÉ 1

Vocabulaire

Se présenter

Prénom et nom
Je m'appelle Iris Fontaine.

Adresse
J'habite à Bruxelles.

Nationalité
Je suis belge.

Langues
Je parle français, flamand et anglais.

1 Dans ton cahier, fais la fiche de ce groupe avec les éléments suivants.

BTS   coréens   coréen, anglais et chinois   Séoul

| Nom : … |
| Nationalité : … |
| Ville : … |
| Langues : … |

2 Dans ton cahier, fais la fiche de ton/ta camarade.

| Nom : … |
| Prénom : … |
| Nationalité : … |
| Ville : … |
| Langues : … |

3 Choisis le mot correct.
a. Ursula est *allemand / allemande*.
b. Jason est *américaine / américain*.
c. Zoé est *française / français*.
d. Bilal est *marocain / marocaine*.

4 Mets au féminin ou au masculin.
a. Elle est canadienne. → Il …
b. Vous êtes chinois. → Vous …
c. Olga est russe. → Igor …
d. Peter est américain. → Jane …
e. Inaya est tunisienne. → Samir …

5 Mets les phrases dans l'ordre.
a. est / luxembourgeoise / Lina
b. quatre / parle / langues / il
c. habitons / Zurich / nous / à
d. Sofia / aussi / est / grecque / et / est / grec / il
e. vous / et / vous / Lana / appelez / Zohour
f. Hugo / m' / deux / parle / je / et / je / appelle / langues

Phonétique

- En français, la différence entre une phrase simple et une interrogation, c'est l'intonation. Quand on pose une question, la voix monte : ↗

– *C'est qui ?*

– *C'est Amina.*

– *Tu habites où ?*

– *J'habite à Abidjan.*

1 Écoute et répète. 11
a. Nous sommes italiens.
b. Ça va ?
c. Vous parlez français ?
d. Je parle anglais et espagnol.

2 Écoute. Dans quelles phrases la voix monte ? 12
a. Qui parle arabe ?
b. Tu es américain ?
c. Elle habite à Londres.
d. Nous sommes en France.

3 Écoute. Question ou affirmation ? Réponds. 13
a. C'est Paul.
b. Comment il s'appelle ?
c. Non, je suis australien.
d. Elle est chinoise ?
e. Vous êtes au Canada.

4 Répète les phrases de l'activité 3. Attention à l'intonation !

5 Avec ton/ta camarade, cherchez trois questions dans le livre. Prononcez-les avec la bonne intonation.

MISSION 1
Les hackers attaquent

🎧 14 Écoute, réponds et réussis ta mission !

👉 LES SUSPECTS

Hacker n° 1
Nom : ISOT
Prénom : Berlin
Pays : Laos
Nationalité : italienne
Langues : français, anglais et italien

Hacker n° 2
Nom : BOCELLI
Prénom : Lisbonne
Pays : États-Unis
Nationalité : italienne
Langues : français, anglais et portugais

Hacker n° 3 
Nom : SMITH
Prénom : Tokyo
Pays : Australie
Nationalité : anglaise
Langues : français, anglais, espagnol et italien

Hacker n° 4
Nom : ISOT
Prénom : Rio
Pays : Laos
Nationalité : italienne
Langues : français, anglais et italien

👉 LES ÉNIGMES

1. Où habite le hacker ?
2. Quel est le nom de famille du hacker ?
3. Le hacker parle : ... .
4. Quelle est la nationalité du hacker ?
5. Quel est le prénom du hacker ?

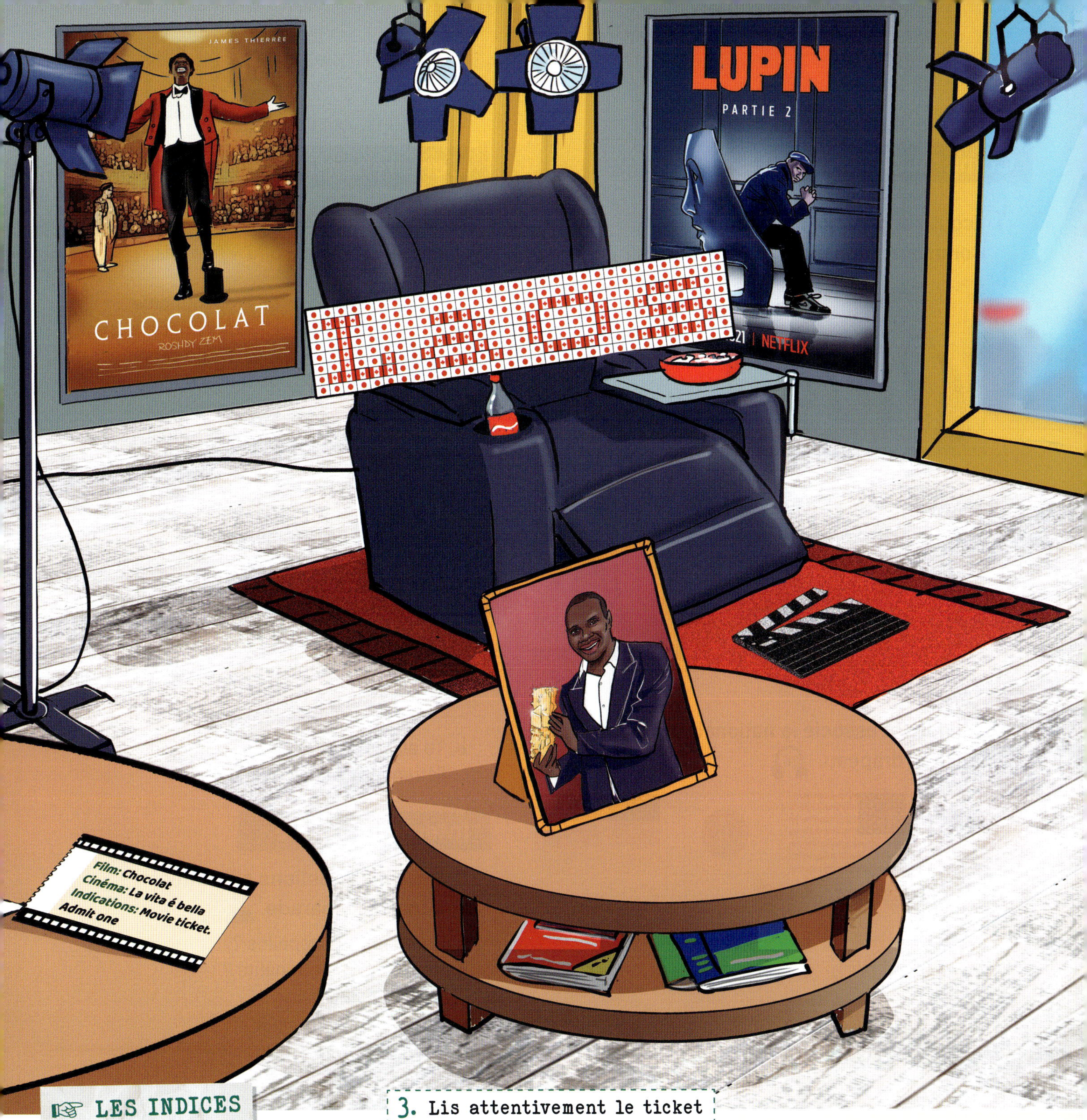

👉 LES INDICES

1. Suis avec ton doigt les drapeaux canadiens.

2. Observe la taille des lettres de la bulle de la publication n° 1.

3. Lis attentivement le ticket de cinéma.

4. Dans quel pays se trouve le monument du portable ?

5. Regarde attentivement la publication n° 2 sur l'ordinateur.

Le coupable est le hacker n° ... .

Unité 1

Bilan

Compréhension orale

1. Écoute et observe les photos. Comment s'appellent les personnes ? 🎧 15

a

b

2. Écoute et associe la nationalité au bon drapeau. 🎧 16

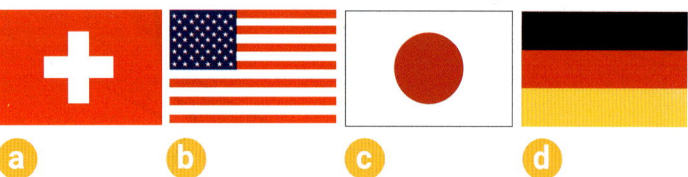

a   b   c   d

Personne 1 : …   Personne 3 : …
Personne 2 : …   Personne 4 : …

Compréhension écrite

3. Lis le texte et complète.
langue – Afrique – 300 – français

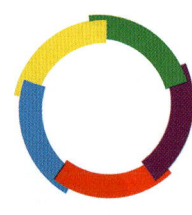

La Francophonie
La Francophonie, c'est … millions de personnes qui parlent … sur la planète. Le français est la … officielle dans 13 pays. La francophonie est très présente en … . Par exemple le Sénégal, le Burkina Faso, le Bénin, le Mali, le Congo, le Niger, le Togo sont des pays francophones.

Production orale

4. Réponds.

a. Quel pays tu aimerais découvrir ?

| Maroc | Belgique | Suisse | Liban | Sénégal | Québec |

b. Tu aimerais étudier ou habiter plus tard à l'étranger ? Dans quelle ville ?

Interaction orale

5. Pose les questions suivantes à ton/ta camarade.

a. Comment tu t'appelles ?
b. Quelle est ta nationalité ?
c. Tu habites où ?
d. Quelles langues tu parles ?

Portfolio

Je sais...
- me présenter.
- présenter une personne.
- donner des informations personnelles.

Je connais...
- les pronoms personnels sujets.
- les pronoms toniques *toi* et *moi*.

Je sais utiliser...
- *C'est* et *Voici*.
- les verbes *être*, *s'appeler*, *parler* et *habiter*.

Je connais...
- les nationalités.
- les pays.
- les langues.

Je sais prononcer...
- une question (intonation).

Beaucoup / Un peu / Pas du tout

UNITÉ 2 — C'est reparti pour un an !

Vocabulaire
1. un cartable
2. une trousse
3. une tablette
4. un cahier
5. un livre
6. des crayons
7. des ciseaux
8. une règle
9. des peintures
10. des pinceaux
11. une équerre

PROJET : Faire une carte postale sonore du collège

J'apprends à :
- parler de mon collège. — p. 26
- parler de mon emploi du temps. — p. 28
- poser des questions. — p. 30
- utiliser les outils de la langue. — p. 32

1 Devinettes. Montre l'objet.
a. Dans mon nom, il y a trois « t ». Qui suis-je ?
b. Je suis rose. Qui suis-je ?
c. Sur cet objet, j'écris des mots. Qui suis-je ?

2 Invente une devinette.
Ton/Ta camarade trouve le mot.

Leçon 1 — Un cartable bien rempli

Zohour présente son collège.

Mon collège

1 Regarde la vidéo n°2 « Visite du collège » et réponds.

a. C'est qui ?

Voici le bureau de monsieur le proviseur.

b. Qu'est-ce que Zohour présente ?
1. Ses amis.   2. Son collège.   3. Sa famille.

c. Qu'est-ce que c'est ?

la salle de classe   la cantine   le gymnase

Qu'est-ce que c'est ?

2 *Qu'est-ce que c'est ?* Réponds.

a. Choisis quatre objets. Qu'est-ce que c'est ?

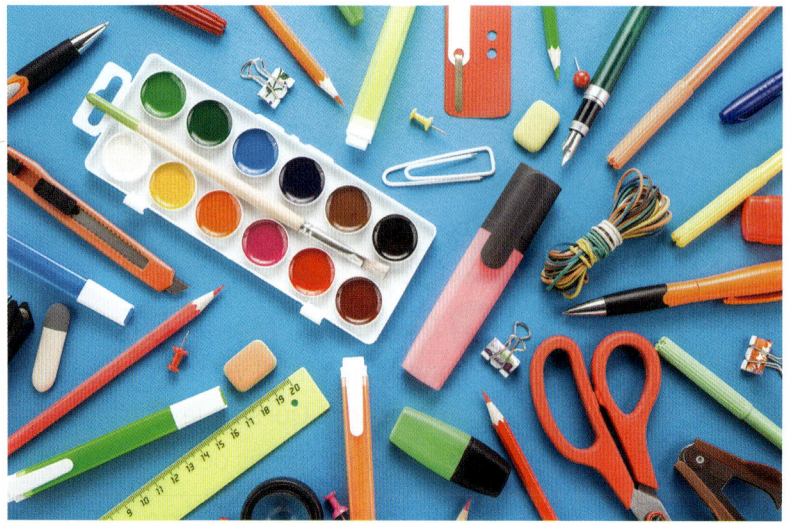

Grammaire

Les articles indéfinis

	Masculin	Féminin
Singulier	un livre	une tablette
Pluriel	des cahiers	des règles

Vocabulaire

rose
orange
vert
bleu
blanc
jaune
rouge
violet
noir

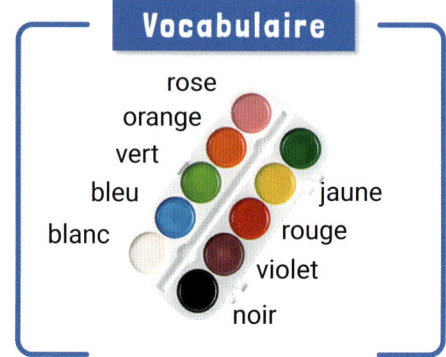

vingt-six   Unité 2

b. Avec ton/ta camarade, observez de nouveau l'image puis lisez les mots et les phrases. C'est quel objet ?

un stylo   une gomme   un feutre

1. Nous sommes trois. Moi, je suis jaune. Une des mes amies est orange et l'autre est grise et noire.

2. Nous sommes deux et nous sommes orange et noirs. Avec nous, tu écris dans ton cahier.

3. Nous sommes quatre sur l'image. Moi, je suis vert mais mes amis sont rouge, jaune et orange.

> **Grammaire**
>
> **C'est / Ce sont**
>
> *Qu'est-ce que c'est ?*
> ***C'est*** *un crayon. /* ***Ce sont*** *des livres.*
> ***Ce n'est pas*** *un livre, c'est un cahier.*

3 Écoute et complète les phrases comme dans l'exemple. 🎧17

a
Non, ce n'est pas un crayon, c'est une clé USB.

b
Non, ce ne sont pas des livres, …

c
Non, ce ne sont pas …

d
Non, ce n'est pas …

J'ai une trousse bleue

4 Écoute et complète. 🎧18

J'ai une règle, …

> **Grammaire**
>
> **Le verbe *avoir***
>
> J'**ai**   Nous **avons**
> Tu **as**   Vous **avez**
> Il/Elle/On **a**   Ils/Elles **ont**

5 **Médiation** Qu'est-ce que Léa a dans sa trousse ? Décris à ton/ta camarade.

6 Par groupe de 4 ou 5. L'un de vous place cinq objets sur la table. Puis il retire les objets et remet un seul de ces objets mais caché. Les autres posent des questions pour deviner l'objet caché. Faites les liaisons.

– Il est vert ?
– Non.
– Il est jaune ?
– Oui.
– C'est une gomme ?
– Oui, c'est ça !

> **Phonétique**
>
> **La liaison**
>
> On fait une **liaison**, quand on prononce la consonne finale d'un mot pour l'unir avec le mot suivant qui commence par une voyelle ou un *h* muet.
>
> C'est‿une gomme.
> Nous‿avons des feutres.

PROJET

Étape 1 : Les fournitures scolaires

Formez des groupes de 4 ou 5 et faites une liste d'un maximum de fournitures scolaires que vous avez dans votre trousse ou votre cartable. Dites de quelle couleur elles sont.

Leçon 2 — Ma vie au collège

Collège Jules Ferry

1 Histoire Lis le texte et réponds.

Les noms des collèges en France

En France, pour les écoles, collèges et lycées, on donne le nom d'une personne célèbre dans la vie du pays : un homme/une femme politique, une personne importante dans l'histoire française, un(e) écrivain(e), etc.

Par exemple :
– École Jules Ferry. Au XIXe siècle, Jules Ferry vote la loi sur l'école gratuite et obligatoire ;
– Collège Lucie Aubrac. Lucie Aubrac est résistante pendant l'occupation allemande.
– Lycée Saint-Exupéry. Antoine de Saint-Exupéry, aviateur, poète et écrivain, est célèbre dans le monde entier pour son roman, *Le Petit Prince*.

a. En France, pour les écoles et collèges, on donne le nom :
   1. d'une ville.
   2. d'une région.
   3. d'une personne célèbre dans le pays.
b. Complète la phrase.
   Jules Ferry vote la loi sur l'école … et … .
c. Et dans ton pays, quel nom on donne aux écoles, collèges et lycées ?

2 Avec ton/ta camarade, cherchez le nom d'un collège en France.
Trouvez des informations sur la personne célèbre et présentez à la classe.

3 Avec ton/ta camarade, choisissez une personne célèbre de votre pays pour donner son nom à votre collège.
– *Collège García Lorca.*

Le petit prince sur l'astéroïde B 612.

Tu aimes quelles matières ?

4 Écoute Julia et Mila puis complète les bulles et l'emploi du temps avec les matières. 🎧 19

On a arts … .

Super ! J'adore mais après la récréation, c'est …, bof !

Mon emploi du temps	Lundi
8 h à 9 h	…
9 h à 10 h	…
10 h à 10 h 30	Récréation
10 h 30 à 11 h 30	…
11 h 30 à 12 h 30	…
12 h 30 à 14 h	pause déjeuner

Vocabulaire
- Français
- Mathématiques
- Anglais
- Histoire
- Géographie
- Science de la vie et de la terre (SVT)
- Technologie
- Musique
- Arts plastiques
- Éducation physique et sportive (EPS)
- Physique
- Chimie

5 **Médiation** Avec ton/ta camarade dites les matières que Mila et Julia ont le lundi matin. 👥

On a français à quelle heure ?

6 Écoute Joan et Rayan et réponds. 🎧 20

a. Quelle heure est-il ?
b. Joan a cours de sciences à quelle heure ?
c. Et Mia ?

Grammaire
Les adjectifs interrogatifs

	Masculin	Féminin
Singulier	quel	quelle
Pluriel	quels	quelles

Vocabulaire

Quelle heure est-il ?
Il est quatre heures.
Il est quatre heures et quart.
Il est quatre heures et demie.
Il est cinq heures moins le quart.

Il est midi (le jour). / Il est minuit (la nuit).

7 Avec ton/ta camarade, faites votre emploi du temps du jeudi en français et dites les heures. 👥
À huit heures, on a cours de chimie,…

8 **JEU** Posez des questions à vos camarades sur votre emploi du temps. Le premier qui répond correctement gagne un point. 👥
Vendredi, à dix heures, on a quelle matière ?

PROJET — Étape 2 : Les matières scolaires

Toujours en groupes, parlez des matières scolaires.
Répondez aux questions.
– Quelles matières avez-vous ?
– Quelles matières vous aimez ou vous n'aimez pas ?
– Qui sont les professeurs ?

Leçon 3 — Ton collège, il est comment ?

Le laboratoire est moderne

1 Écoute et associe.

a. La salle de musique b. La salle d'informatique c. La cour de récréation d. Le laboratoire

2 Avec ton/ta camarade, dites les salles qu'il y a dans votre collège. Choisissez une salle et imaginez comment la représenter avec un bruitage.

La cantine, bruit d'assiettes.

Où est le crayon ?

3 Lis et complète les phrases. Aide-toi de l'encadré.

a. La souris est … le clavier
b. La souris est … le clavier
c. La souris est … le clavier
d. La souris est … le clavier

Grammaire

Les prépositions de lieu

sous — sur — derrière — devant

4 Écoute et dessine.

5 JEU Avec ton/ta camarade, inventez une dictée dessinée. Vos camarades la font.

Il y a combien de règles ?

6 Écoute puis complète.

31 trente et un	39 …	47 …	57 …	68 …
32 trente-deux	40 quarante	50 cinquante	60 …	69 soixante-neuf
33 trente-trois	41 …	52 …	61 soixante et un	
38 …	44 …	56 …	65 …	

7 Observe le dessin. Compte les règles, les crayons, les gommes et les taille-crayons.

8 **Médiation** Par groupe de trois ou quatre, choisissez un objet de la classe (cahiers, crayons, chaises, etc). Dites le nombre à la classe.

PROJET

Étape 3 : Réalisation de la carte postale sonore

Reprenez les étapes 1 et 2 du projet. Sélectionnez trois lieux de votre collège. Avec votre téléphone, enregistrez l'ambiance sonore de ces lieux. Choisissez un lieu et présentez-le à la classe. Parlez du matériel de chaque salle et des matières enseignées.

UNITÉ 2 Grammaire

Les articles indéfinis

• **Observe**

Singulier		Pluriel
Masculin	Féminin	Masculin/Féminin
↓	↓	↓
un	une	des
↓	↓	↓
un cartable	une trousse	des livres des gommes

• En français, il y a toujours un article devant le nom.
J'ai **un** cahier.
J'ai **des** cahiers.

• **Applique**

1 Classe les mots suivants dans le tableau.

un	une	des
…	…	…

2 Choisis le bon article.

a. J'ai *un / une / des* feutre.
b. Tu as *un / une / des* pinceaux.
c. Nous avons *un / une / des* crayons de couleur.
d. Vous avez *un / une / des* tablette.
e. Il a *un / une / des* cahiers.

C'est / Ce sont

• **Observe**

C'est / Ce sont
• À la question *qu'est-ce que c'est*, on répond par **c'est / ce sont**.

Qu'est-ce que c'est ?
C'est un taille-crayon.
Ce sont des feutres.

• À la forme négative
C'est n'est pas un taille-crayon.
Ce ne sont pas des feutres.

• **Applique**

3 Qu'est-ce que c'est ? Réponds avec *c'est* ou *ce sont*.

4 Observe l'image et corrige les phrases.

C'est une trousse.
Ce sont des feutres.
C'est un écran.
Ce sont des cahiers.
C'est un pinceau.
Ce n'est pas une trousse, c'est un cartable.

Le verbe avoir

• **Observe**

Avoir

J'**ai**	Nous **avons**
Tu **as**	Vous **avez**
Il/Elle/On **a**	Ils/Elles **ont**

- On utilise le verbe *avoir* pour dire son âge et pour exprimer la possession.
  Il **a** 12 ans.
  J'**ai** un cahier rouge.

• **Applique**

5 Complète avec le verbe *avoir*.
a. Dans notre collège, nous … un grand gymnase.
b. Tu … un cartable vert.
c. Vous … des cahiers pour le cours de français ?
d. Elles … une belle trousse.
e. J'… un ordinateur blanc.

6 Complète avec *être* ou *avoir*.
a. Vous … italiens et vous … 12 ans.
b. J'… français à 10 h.
c. Elle … petite ; elle … 5 ans.
d. Ils … cours de maths le lundi et le jeudi.
e. – Tu … française ?
   – Oui et j'… 16 ans.

Les adjectifs interrogatifs : *quel, quels, quelle, quelles*

• **Observe**

	Masculin	Féminin
Singulier	quel	quelle
Pluriel	quels	quelles

- Ils permettent de demander une précision.
- Ils ont tous les quatre la même prononciation.
  Quel est ton collège ?
  Quelles sont tes matières préférées ?

• **Applique**

7 Complète avec *quel, quels, quelle* ou *quelles*.
a. … couleurs tu aimes ?
b. … est le nom de ton collège ?
c. … heure est-il ?
d. … amis sont dans ta classe ?

8 Réponds aux questions
a. Quelle est ta nationalité ?
b. Quel âge tu as ?
c. Quelles matières tu aimes ?
d. Quels jours de la semaine tu préfères ?

Les prépositions de lieu

• **Observe**

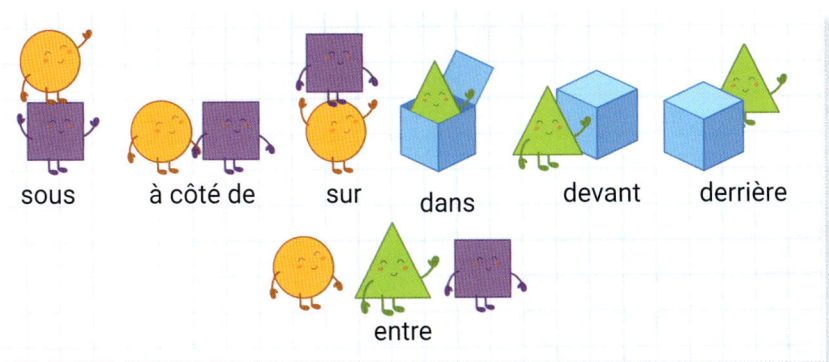

sous — à côté de — sur — dans — devant — derrière — entre

• **Applique**

9 Observe l'image et réponds.
a. Où est le stylo violet ?
b. Où sont les ciseaux ?
c. Où est le feutre blanc ?
d. Et la gomme ?

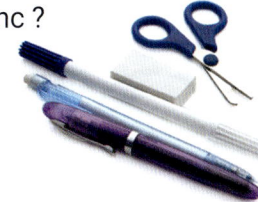

Unité 2

UNITÉ 2 Vocabulaire

Les fournitures scolaires

des pinceaux — une règle — des crayons — une équerre — des cahiers — des feutres — une calculatrice — des livres — un compas — des peintures — une gomme

1 *Qu'est-ce que c'est ?* Réponds et donne la couleur de/des objet(s).

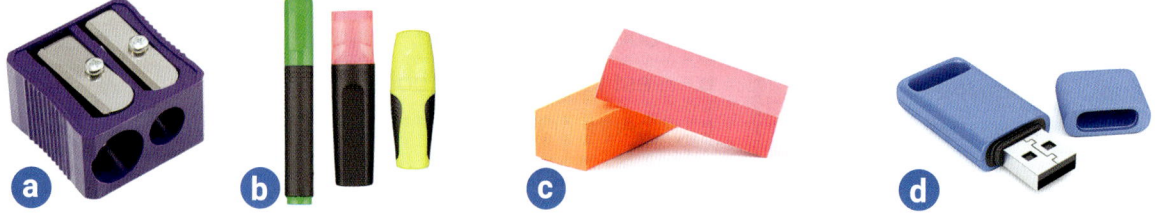

a   b   c   d

2 Observe les images. Quelle matière tu as dans chaque salle ?

a   b   c   d

J'ai sport.

3 Quelle heure est-il ? Réponds.

a   b   c   d

4 Associe les questions aux horloges puis fais une phrase comme dans l'exemple.

1 2 3 4

a. À quelle heure on a français ?
b. C'est l'heure de déjeuner ?
c. La récré, c'est à quelle heure ?
d. Il est quelle heure ?

a/2 → On a français à 9 h.

Phonétique

La liaison

- La liaison, c'est le fait d'unir les mots ensemble.
- On fait la liaison :
  – entre l'article indéfini (*un, une, des*) et la voyelle du mot suivant :
  Elle a un_agenda bleu.
  Il y a des_objets sur la table.
  – entre *on, nous, vous, ils, elles* et un verbe commençant par une voyelle ou un *h* muet :
  On_a un stylo.
  Ils_habitent à Québec.
  – entre la dernière consonne de l'adjectif interrogatif et la voyelle ou le *h* muet du mot suivant :
  Quel_âge as-tu ?
  Quelles_histoires préférez-vous ?
  – entre les prépositions *dans* et *en* et la voyelle du mot suivant :
  Dans_une salle d'informatique, il y a des ordinateurs.
  En_Espagne, chaque classe a son emploi du temps.
  – entre les nombres et le mot « heure » :
  Il est deux_heures.

1 Lis les phrases et fais les liaisons. Écoute et répète. 🎧24

a. Vous êtes grec ?
b. Elles ont un ordinateur.
c. Il est six heures.
d. En France, on a une grande école.
e. Elles adorent la chimie.
f. J'ai un cours à huit heures.

2 Avec ton/ta camarade, choisissez des phrases du livre et entraînez-vous à faire les liaisons.

C'est_un taille-crayon

MISSION 2
Complot au collège

🎧 25 Écoute, réponds et réussis ta mission !

👉 LES SUSPECTS

Le professeur de sport

14 h 00	Cantine
15 h 00	Sport

La professeure de musique

14 h 00	Cours de musique
15 h 00	Cantine

La professeure de mathématiques

14 h 00	Cantine
15 h 00	Réunion

Le professeur d'informatique

14 h 00	Cantine
15 h 00	Réunion

👉 LES ÉNIGMES

1. Le coupable est libre à l'heure de la disparition. À quelle heure les professeurs disparaissent ?
2. Le coupable a un cartable de quelle couleur ?
3. Comment est le lieu où sont les professeurs ? Déchiffre.

4. Dans quelle salle sont les professeurs ?
5. Le coupable a une ... rouge.

LES INDICES

1. Regarde les trois horloges du collège :
- une est à l'heure de la disparition.
- une avance de 20 minutes.
- une retarde de 10 minutes.

2. Regarde le laboratoire. Qu'est-ce qui se passe si on mélange le liquide des bouteilles pleines dans la bouteille vide ?

3. Aide-toi du tableau des notes de musique.

4. Cherche les écouteurs sur le grand dessin et écoute l'enregistrement.

5. Trouve l'objet qui est :
- 2 fois sous une chaise ;
- dans un sac à dos ;
- entre deux règles ;
- devant le piano ;
- derrière un ballon.

Le coupable est ...

Unité 2

Bilan

Compréhension orale

1. En France, dans les collèges, il y a un CDI (Centre de Documention et d'Information). Observe les images. Puis écoute et montre l'objet sur les images. 🎧 27

Compréhension écrite

2. Regarde à nouveau les images et réponds. Qu'est-ce qu'on fait dans un CDI ?

a. lire   b. jouer   c. s'informer   d. aller sur Internet   e. manger

Interaction orale

3. Pose ces questions à ton/ta camarade. Puis inverser les rôles.

a. Comment nomme-t-on les CDI dans les écoles de ton pays ?
b. Qu'est-ce que tu fais généralement dans le CDI ? (Donne plusieurs réponses.)

4. Par groupes de trois ou quatre, imaginez le collège idéal.

Portfolio

Je sais...
- parler de mon collège.
- parler de mon emploi du temps.
- poser des questions.

Je connais...
- les articles définis.
- les prépositions de lieu.

Je sais utiliser...
- le verbe *avoir*.
- *C'est / Ce sont.*
- *Ce n'est pas...*
- les heures.

Je connais...
- les fournitures scolaires et le matériel informatique.
- les couleurs.
- les lieux du collège et les matières.
- les nombres de 31 à 69.

Je sais faire...
- la liaison.

Beaucoup / Un peu / Pas du tout

UNITÉ 3 — M'amuser, j'aime ça !

PROJET : Réaliser un sondage sur les loisirs

J'apprends à :
- parler des loisirs. p. 40
- exprimer des goûts. p. 42
- parler des moments de la journée. p. 44
- utiliser les outils de la langue. p. 46

1 Écoute et observe. Qui parle ? 28

2 Et toi, quelle activité tu aimes ?

Vocabulaire
- la musique
- le foot
- la lecture
- le skateboard
- les jeux vidéo

Leçon 1 — On s'amuse !

Léo parle avec ses camarades des activités extrascolaires.

Que d'activités !

1 Regarde la vidéo n° 3 « Les activités extrascolaires » et réponds.
a. Jason fait quelle activité extrascolaire ?
b. Quel est l'instrument de musique de Clara ?

Zohour, tu joues dans cette pièce ?

c. Le premier garçon pratique quel sport ?
d. Zohour est dans quel atelier ?

Grammaire

Les articles définis

	Masculin	Féminin
Singulier	**le** foot / **l'**atelier théâtre	**la** guitare
Pluriel	**les** jeux vidéo	**les** cartes

2 Raïssa, Alizée, Ismaël et Simon, eux, font des activités de cirque. Écoute et associe.

1 Raïssa — 2 Simon — 3 Ismaël — 4 Alizée

3 **Médiation** Tu parles à un(e) ami(e) français(e) des activités des camarades de la classe de Léo.

Pour Clara, c'est la musique.

Lève le bras !

4 Observe. Qu'est-ce qui manque ? Associe.

1. Les yeux
2. Le bras droit
3. La jambe gauche et le pied gauche
4. La main gauche
5. La tête

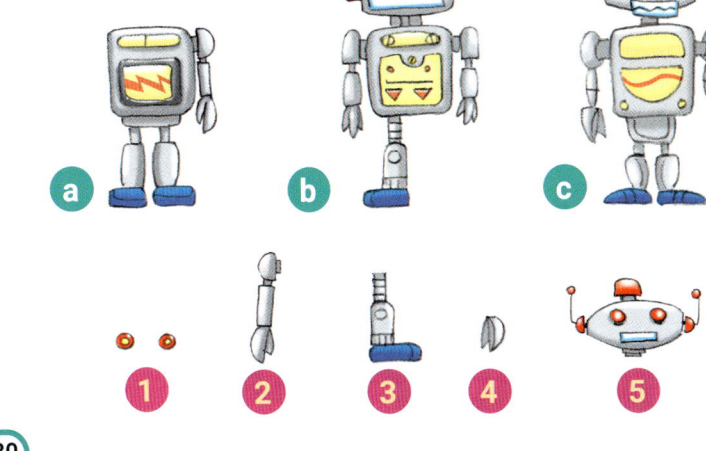

5 Écoute. Associe les ordres et les images. 30

L'E-SPORT, TU CONNAIS ?

Je pratique le e-sport. C'est le sport des jeux vidéo ! Le jeu GymStar est génial !
Axel, écarte les jambes et lève le bras gauche.
Lève la tête.
Très bien. Saute. Cours.

Grammaire

L'impératif

Il se conjugue avec *tu*, *nous* et *vous*.
Sauter : Saute ! Sautons ! Sautez !

6 Dessine un personnage avec un mouvement de gym. Ton/Ta camarade donne un ordre.

Lève la main droite !

7 **Sport** Imaginez une série de mouvements de gymnastique pour créer un enchaînement

Levez les bras ! Sautez !

PROJET

Étape 1 : Les activités

Formez des groupes de 3 ou 4. Nommez vos activités et faites une liste pour préparer votre sondage.

Leçon 2 — J'adore !

Il y en a pour tous les goûts !

1 Lis et réponds.

Les loisirs de Paul Pogba !

Paul Pogba est un footballeur français très célèbre, mais quels sont ses loisirs ?

Interview exclusive !
– Paul, tu as des passions en plus du football ?
– Oui, j'adore la musique !
– Quel genre musical ? Le rock ?
– Je préfère le rap, le R&B et la musique africaine. La musique me rend heureux.
– Tu aimes d'autres sports ?
– Oui, le basket… et aussi le ping-pong.
– Tu n'aimes pas un sport en particulier ?
– Non, j'adore tous les sports.
– Merci, Paul, de répondre à nos questions.

Grammaire

La négation

Pour former la négation :
Ne/N' + verbe + **pas**

Je n'aime pas le cinéma.

Vocabulaire

- aimer
- adorer
- préférer
- détester

a. Paul est joueur professionnel de :
   1. basket.   2. football.   3. handball.

b. L'autre passion de Paul, c'est :
   1. Le théâtre.   2. La musique.   3. Le cinéma.

c. Paul Pogba préfère quelle musique ?
   1. Le rap.   2. La musique classique.   3. Le rock.

d. Paul Pogba aime quel autre sport ?
   1. Le rugby.   2. Le ping-pong.   3. La natation.

2 Fais une recherche sur Paul Pogba. Présente à la classe.

3 Inaya parle de ses goûts. Écoute. Qu'est-ce qu'elle aime, n'aime pas et déteste ?

a.   b.   c.   d.   e.

4 Quelles activités ton/ta camarade aime, adore, n'aime pas, déteste ?

Génial !

5 Observe les photos. Lis et complète les phrases. Utilise les adjectifs de l'encadré.

> **Vocabulaire**
> - génial
> - incroyable
> - difficile
> - nul

La peinture c'est génial !

a. La gymnastique, c'est …

b. Le film est …

c. le jeu est …

d. L'escrime, c'est …

6 JEU Mime une activité et une appréciation. Ton camarade dit la phrase.

Le basket, c'est génial !

7 JEU Avec ton/ta camarade, faites des phrases le plus vite possible avec une activité et une appréciation. Combien de phrases vous dites en deux minutes ? Comparez avec les autres groupes.

PROJET

Vous écrivez des questions et demandez à vos camarades de cocher la bonne option.

Tu aimes la télé ?
beaucoup ❑ un peu ❑
pas du tout ❑

Étape 2 : Les goûts

Toujours en groupe, continuez à récolter des éléments pour votre sondage. Notez les activités que vos camarades aiment, n'aiment pas, adorent, détestent.

Unité 3

Leçon 3 — Des journées bien remplies !

De jour comme de nuit

1 Lis. Dans ton pays, les moments de la journée sont à quelles heures ?

> **Les heures et les moments de la journée en France**
>
> Le matin commence à 6 heures et se termine à 12 h (midi) .
>
> L'après-midi commence à 14 h et se termine à 18 h. Puis c'est le soir, de 18 h à 22 h.
>
> La nuit , c'est quand le soleil se couche et quand on dort.

Phonétique

Le son [wa]

Écoute. Combien de fois tu entends le son [wa] ? 32

– Le soir, toi, tu fais quoi ?
– Moi, le soir, je joue au jeu de l'oie avec Oissila.

2 Associe les photos aux moments de la journée. Qu'est-ce qu'ils font ?

matin   après-midi   midi   nuit   soir

 a
 b
 c
 d
 e

3 Avec ton/ta camarade, inventez des phrases avec les éléments suivants.

à 20 heures — l'après-midi — lire — Le matin — être sur Internet — à 23 heures — dormir — à 14 heures — aller à la piscine — le soir — étudier

L'après-midi, je vais à la piscine.

4 JEU Pensez à une activité. Décrivez cette activité mais ne dites pas son nom. Vos camarades devinent. Le premier qui trouve l'activité a un point.

Une journée fantastique !

5 Écoute et réponds aux questions. 🎧 33

> Nous voilà au Parc Astérix pour voir des Romains et... des Gaulois très amusants !

Grammaire

Le pluriel des noms et adjectifs

Pour former le pluriel des noms et des adjectifs, en général, on ajoute un **s**.

*Des personnage**s** sympathique**s***

a. Aujourd'hui, qu'est-ce que Louise et sa classe visitent ?
b. Qu'est-ce qu'ils font le matin et l'après-midi ?

6 Complète les phrases avec les noms et les adjectifs au pluriel.

a. Les … d'Uderzo et de Goscinny.
b. Le matin, c'est … .
c. On va faire l'attraction *Oziris* : de longues … impressionnantes.

7 Médiation Avec ton/ta camarade, faites une recherche sur les activités proposées dans un parc d'attraction près de chez vous. Proposez un programme à la classe.

PROJET — Étape 3 : Présentation du sondage

Dans cette dernière partie, vous terminez le sondage.
Avec les réponses de vos camarades, présentez les résultats sous forme de graphique.
Faites la présentation des résultats du sondage à la classe.

Vous pouvez ajouter des images pour une présentation dynamique !

Unité 3 — Grammaire

Les articles définis

• **Observe**

	Singulier		Pluriel
Masculin	Féminin	Masculin/Féminin devant une voyelle ou un h muet	Masculin/Féminin
↓	↓	↓	↓
le	la	l'	les
↓	↓	↓	↓
le théâtre	**la** gymnastique	**l'**escrime	**les** jeux vidéo

• **Applique**

1 Classe les mots suivants.

rugby, foot, escrime, selfies, théâtre, cuisine, musique, natation, sports individuels, skateboard, gymnastique, jeu de cartes, escalade

le	la	l'	les
…	…	…	…

L'impératif

• **Observe**

- On utilise l'impératif pour donner des ordres ou des conseils.
- Il se conjugue uniquement avec *tu*, *nous* et *vous*.
- Il n'y a pas de pronom sujet à l'impératif. Avec les verbes en « -er », il n'y a pas de « s » à la deuxième personne (*tu*).

Parler
Parle
Parlons
Parlez

• **Applique**

2 Lis. Quelles phrases sont à l'impératif ?

a. Danse avec moi.
b. Vous levez la tête.
c. Bougez les jambes.
d. Allons faire une promenade.
e. Tu vas au cirque.
f. Regardons la série.

3 Mets les phrases à l'impératif (*tu*).

a. Écouter la musique.
b. Sauter.
c. Bouger les mains.
d. Jouer avec moi.
e. Tourner à droite.

La négation

• Observe

- Pour former la négation on utilise :

ne + verbe + **pas**
Je **ne** participe **pas** à l'atelier théâtre.

- Quand « ne » est suivi d'une voyelle ou d'un h muet, on utilise **n'**.
Je **n'**aime **pas** les sports indivuels.

- À l'écrit, on met toujours ne/n' :
Je <u>n'</u>aime pas.
- À l'oral, on peut le supprimer :
Je <u>n'</u>aime pas ou j'aime pas.

• Applique

4 Mets les phrases dans l'ordre.
a. aime / elle / pas / des / regarder / n' / séries
b. atelier / n' / allez / à / vous / pas / l' / photographie
c. pas / lèves / les / bras / ne / tu
d. fait / elle / pas / cuisine / la / ne

5 Mets les phrases à la forme négative.
a. Nolan aime le foot.
b. J'écoute la chanson.
c. Mila regarde la télévision.
d. Tu joues au tennis.

Le pluriel des noms et des adjectifs

• Observe

- En général, on ajoute un « **s** » à la forme du singulier.
  *Une activité amusante → Des activité**s** amusante**s***

- Les noms et adjectifs qui se terminent par un « s » ou un « x », ne changent pas.
  *un bras → des **bras**
  un vieux piano → des **vieux** pianos*

- En général, les noms qui se terminent par « eau » ont un « **x** » au pluriel.
  *un gâteau → des gâteau**x**
  un jeu vidéo → des jeu**x** vidéo*

- Et les noms qui se terminent par « al » ont le pluriel en « **aux** ».
  *un journal → des journ**aux***

- Attention !
  *un œil → des **yeux***

• Applique

6 Mets au singulier ou au pluriel.
a. un cheval
b. une promenade
c. un pied
d. des équipes
e. un corps
f. des tableaux

7 Mets les parties soulignées au pluriel.
a. Je lis <u>un livre très intéressant</u>.
b. Elle regarde <u>un film passionnant</u>.
c. <u>Une journée bien remplie</u>.
d. Il a <u>un grand bras</u>.
e. <u>Une montagne russe très longue</u>.
f. <u>Un jeu vidéo incroyable</u>.

UNITÉ 3

Vocabulaire

Les loisirs

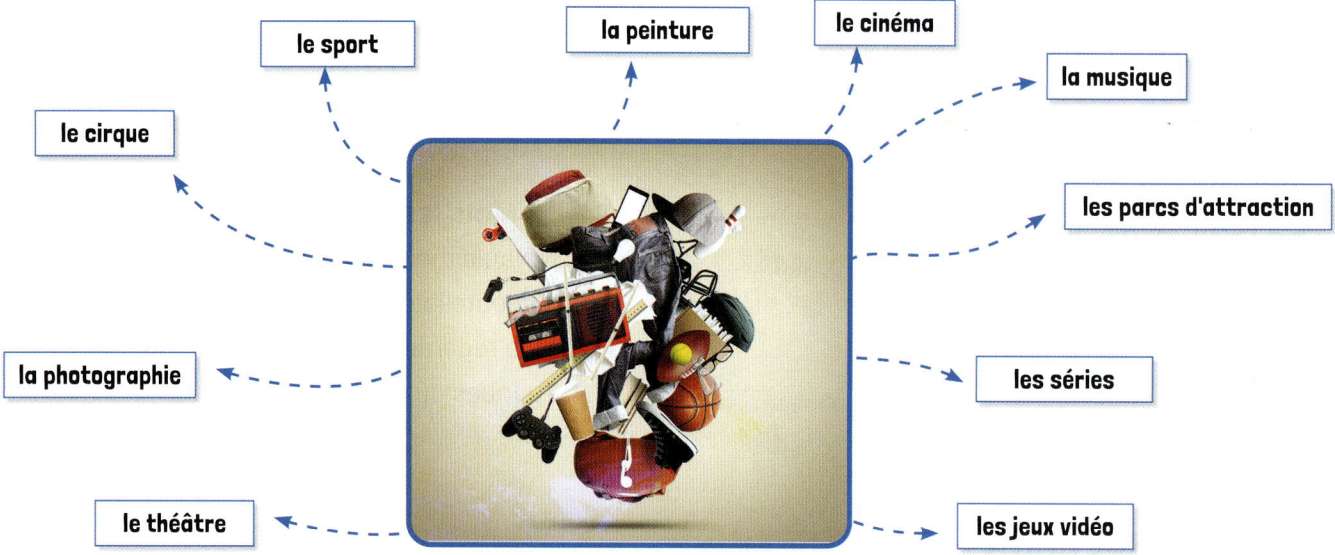

le sport · la peinture · le cinéma · la musique · le cirque · les parcs d'attraction · la photographie · les séries · le théâtre · les jeux vidéo

1 Associe les photos aux loisirs.

la photographie · le cirque · le cinéma · le ping-pong · l'escrime · la musique

a.

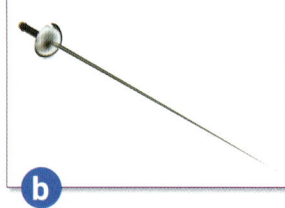
b.

c.

d.

e.

f.

2 Mets les mots dans l'ordre pour compléter les phrases.

a. Allonge-toi sur le S O D.
b. Lève le S R A B droit.
c. Écarte les M S B A J E.
d. Ferme les X Y E U.

3 Donne une appréciation sur les activités suivantes.

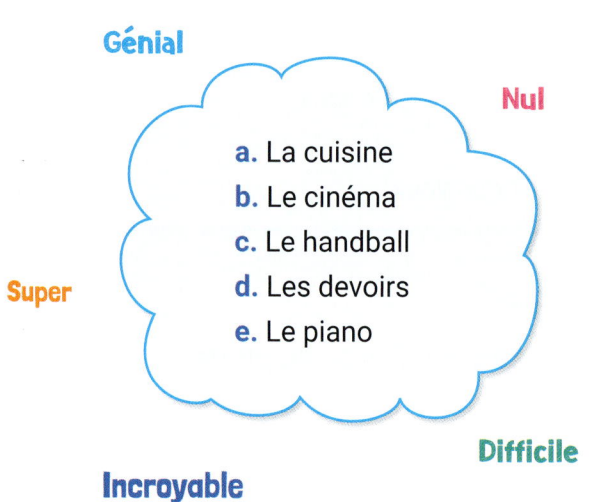

Génial · Nul · Super · Incroyable · Difficile

a. La cuisine
b. Le cinéma
c. Le handball
d. Les devoirs
e. Le piano

4 Regarde les photos ? C'est quel moment de la journée ?

a

c

b

d

Phonétique

Le son « oi » se dit [wa]

Moi, j'aime les l*oi*sirs

1 Écoute et répète. 🎧 34
a. La voiture d'Antoine est noire.
b. Il y a trois croissants sur la table.
c. Ma voisine n'aime pas les poires.

2 Écoute, lis et montre les mots avec le son [wa]. 🎧 35
a. Toi et moi, nous allons à la patinoire.
b. Le soir, je regarde les étoiles.
c. Je n'aime pas faire des devoirs le soir.

3 Regarde les dessins. Complète avec un mot qui a le son [wa] puis cherche dans le livre trois mots avec ce son.

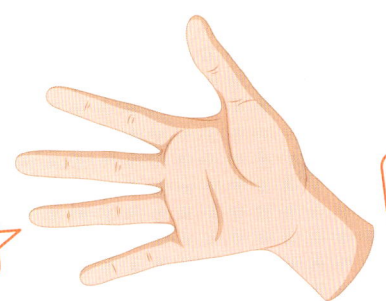
La main …

Un …

MISSION 3
Le " Van Gogh " vandalisé

🎧 36 Écoute, réponds et réussis ta mission !

👉 LES SUSPECTS

👉 LES ÉNIGMES

1. Le coupable aime ce sport. C'est le …

2. Le coupable n'aime pas ce sport d'équipe. C'est le …

3. En ce moment, le coupable cache ses … pleines de peinture.

4. Les élèves ont un loisir préféré. Quel est le loisir du coupable ? …

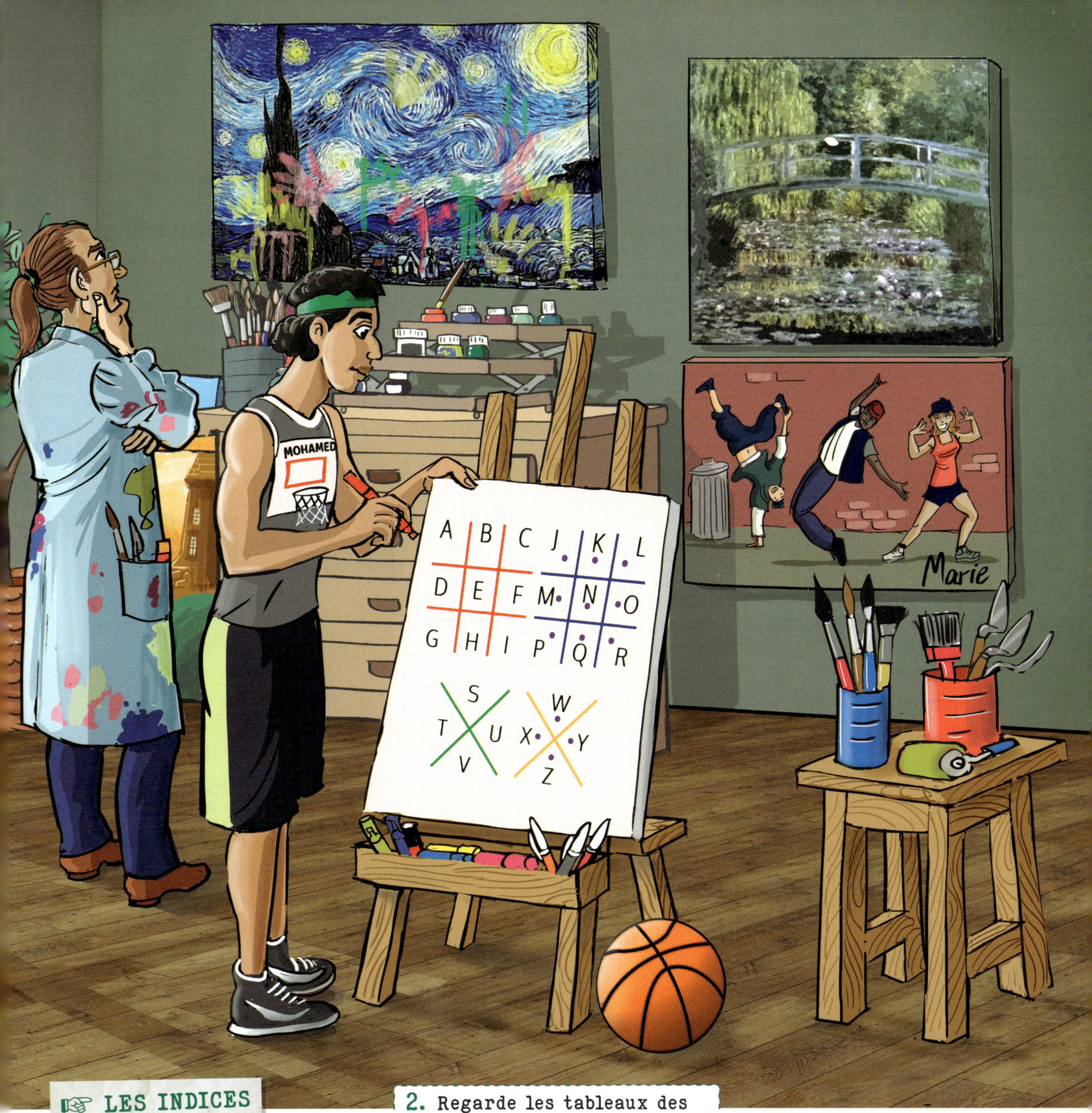

LES INDICES

1. Regarde le dessin sur le tableau d'Amine. Trouve le nom.

2. Regarde les tableaux des élèves sur les murs.

3. Regarde le dessin de Marie et aide-toi du dessin de Mohamed pour trouver le mot.

4. Regarde bien les suspects : le loisir du coupable est sur des bijoux.

Le coupable est ... .

Unité 3

Bilan

Compréhension écrite

1. Quelles activités ne sont pas des sports ? Choisis.

la cuisine, le piano, les jeux vidéo, le tennis, Le théâtre, L'escrime, le hanball, La photographie, Le foot, le cirque, Le cinéma, le basket

2. Lis les phrases et devine l'activité.

a. Pour faire cette activité, j'ai une gomme, des crayons, des pinceaux, une palette.
1. la photographie
2. la peinture
3. la musique

b. Je pratique cette activité avec un ordinateur et une console.
1. les jeux vidéo
2. le foot
3. le théâtre

c. Pour faire cette activité, nous avons des aliments, des casseroles et des cuillères.
1. le cirque
2. la cuisine
3. le cinéma

Compréhension orale

3. Écoute. Qu'est-ce que Zoé n'aime pas ou déteste ? Choisis la bonne image. 🎧 37

a. 1.  2.

b. 1.  2.

c. 1.  2.

d. 1.  2.

e. 1.  2.

Interaction orale

4. Que fait ton/ta camarade le samedi. Pose quatre questions.

5. Réponds aux questions

a. Quel est ton activité préférée ?
b. Tu fais cette activité quel jour de la semaine ?
c. Quelles activités tu n'aimes pas ?
d. Qu'est-ce que tu fais l'après-midi après l'école ?
e. Qu'est-ce que tu fais le soir ?

Portfolio

Je sais...
- parler de mes loisirs.
- donner une appréciation.

Je connais...
- les articles indéfinis.
- le pluriel des noms et des adjectifs.

Je sais utiliser...
- l'impératif.
- la négation.

Je connais...
- tous les types de loisirs.
- les moments de la journée.

Je sais prononcer...
- « oi » [wa].

Beaucoup / Un peu / Pas du tout

Entraînement au DELF A1

COMPRÉHENSION ORALE

1 Écoute deux fois l'enregistrement et indique la bonne situation.
Attention ! Il y a six images mais seulement quatre dialogues. 🎧 38

2 Écoute deux fois l'enregistrement et indique les objets cités. 🎧 39

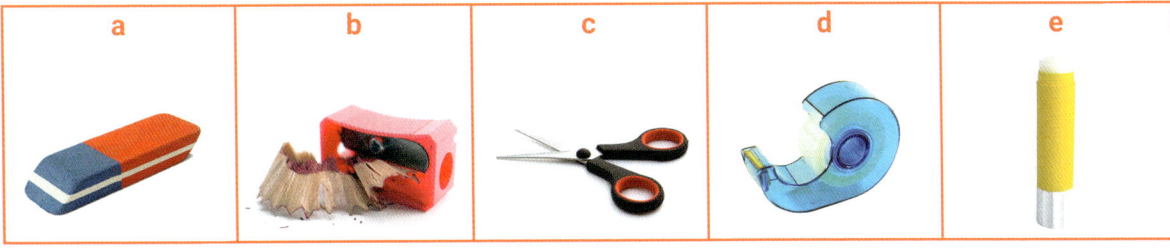

COMPRÉHENSION ÉCRITE

3 Tu es au collège *Alexandre Dumas*, en France. Lis les annonces et réponds aux questions.

a. Quelle activité commence à midi ?
1. La danse. **2.** La musique. **3.** Le théâtre.

b. Le cours de sport est :
1. dans la salle B 13. **2.** dans le gymnase. **3.** dans la salle de spectacle.

c. Il y a activité musique :
1. tous les vendredis. **2.** tous les samedis. **3.** tous les lundis.

d. Quel jour il y a technologie ?
1. Le vendredi. **2.** Le jeudi. **3.** Le mardi.

e. Quelle activité finit à 18 h ?
1. La danse. **2.** La lecture. **3.** Le théâtre.

4 Tu es au collège *Saint-Exupéry* en France. Tu trouves cet article dans le journal des élèves. Lis le document et réponds aux questions.

Fête de la musique

Le 21 juin, nous célébrons la musique au théâtre du collège. À l'école, dans la salle de musique, il y a tous les instruments : guitares, saxophone, flûtes… Dans la cour, le groupe musical de 5ᵉ du collège prépare un concert avec de la musique rock, pop, hip hop, et aussi de la musique du monde entier.

Le professeur des jeux sur la musique est dans le gymnase et tous les professeurs proposent des quiz en ligne.

Pour plus d'informations, regardez le programme sur le site de l'école.

a. Le collège fête :
1. le théâtre.
2. la musique.
3. le mois de juin.

b. Qui prépare un concert ?
1. Le professeur de musique.
2. Le groupe musical de 5ᵉ.
3. tous les professeurs.

c. Quel genre de musique on écoute au concert ?
1. Rock, pop et hip hop.
2. Musique du monde entier.
3. Tous types de musique.

d. Pour plus d'informations, vous regardez :
1. les quiz en ligne.
2. le programme de l'école.
3. le site de l'école.

e. Où il y des jeux sur la musique ?

1.
2.
3.

PRODUCTION ORALE

5 Tu réponds aux questions.
a. Comment tu t'appelles ?
b. Tu es en quelle classe ?
c. Tu parles quelles langues ?
d. Quelle est ta nationalité ?
e. Tu habites où ?
f. Quelles sont tes matières préférées ?

6 Tu poses des questions à l'aide des mots suivants.

*français – loisirs – emploi du temps
matières scolaires*

PRODUCTION ÉCRITE

7 Écris un courriel à ton nouveau correspondant pour te présenter. (Âge, profession des parents, pays d'origine, langues parlées, classe, collège.)

UNITÉ 4 — Une famille en or

PROJET : Créer un album de famille

J'apprends à :
- présenter ma famille. p. 56
- parler du physique et du caractère. p. 58
- fêter un anniversaire. p. 60
- utiliser les outils de la langue. p. 62

1 Écoute et montre les personnes. 🎧 40

Vocabulaire
- le père
- la mère
- les parents
- la grand-mère
- les grands-parents
- le petit-fils

Leçon 1 — C'est ma famille !

Léna présente sa famille.

Voilà mon frère

Je présente ma famille.

Voici ma mère.

Voici mon père.

1 Regarde la vidéo n° 4 « La famille de Léna » et réponds.

a. Qui est photographe dans la famille ?
b. La sœur de Léna est :

 1
 2
 3

c. C'est qui ?

e. Léna n'a pas de…
1. chien.   2. chat.

Grammaire

Les adjectifs possessifs

Mon	Ma	Mes
Ton	Ta	Tes
Son	Sa	Ses

*Voici **ma** mère. Voici **mon** père. Voici **mes** grands-parents.*

2 Complète la phrase.

Judith a … frères mais elle n'a pas … sœur.

3 Médiation Présente la famille de Léna à ton/ta camarade.

Son père s'appelle Stéphane…

Grammaire

Les articles indéfinis et la négation

*J'ai **un** frère mais je n'ai pas **de** sœur.*

Qui est qui ?

4 Observe l'arbre généalogique, lis les devinettes et réponds.

a. C'est le frère de ma mère.
b. Ce sont les enfants de mon oncle et de ma tante.
c. C'est le père de mon oncle.
d. C'est le fils de ma tante et le frère de mes cousines.

5 Écoute. 🎧 41

a. Complète les phrases.

1. …frères s'appellent comment ?
2. Et … sœur ? .
3. … mère n'a pas de frère.
4. … tante Mona est mariée.
5. Elle a deux filles. Ce sont … cousines

b. Écoute à nouveau et, avec ton/ta camarade, contruis l'arbre généalogique. 👥

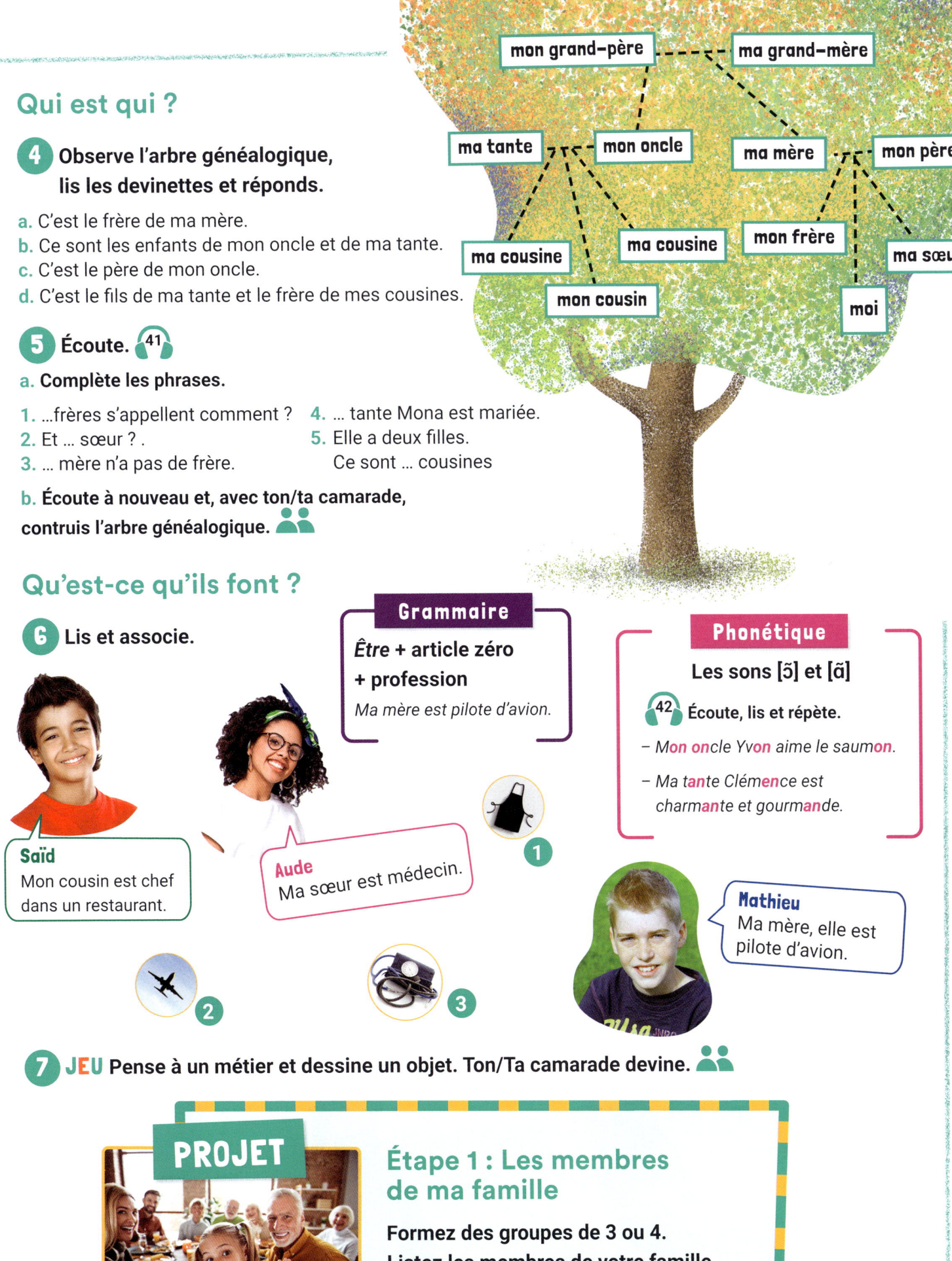

Qu'est-ce qu'ils font ?

6 Lis et associe.

Grammaire

Être + article zéro + profession

Ma mère est pilote d'avion.

Phonétique

Les sons [ɔ̃] et [ɑ̃]

🎧 42 Écoute, lis et répète.

– M**on** **on**cle Yv**on** aime le saum**on**.
– Ma t**an**te Clém**en**ce est charm**an**te et gourm**an**de.

Saïd : Mon cousin est chef dans un restaurant.

Aude : Ma sœur est médecin.

Mathieu : Ma mère, elle est pilote d'avion.

7 JEU Pense à un métier et dessine un objet. Ton/Ta camarade devine. 👥

PROJET

Étape 1 : Les membres de ma famille

Formez des groupes de 3 ou 4.
Listez les membres de votre famille.
Indiquez le nom et les professions de chacun.

Leçon 2 — Quel caractère !

Elle est hyper sportive !

1 Écoute et complète. 🎧 43

Eugénie Le Sommer

Eugénie n'est pas très …
et elle est … .
Elle a de longs cheveux …
et des yeux … .
Elle est …, vive
et elle est toujours souriante.

Footballeuse française

Vocabulaire

- Être grand(e) / petit(e) / mince / gros(se)
- Avoir les cheveux longs / courts / bouclés / frisés
- Être blond(e) / brun(e) / roux (rousse)
- Avoir les yeux bleus / noirs / verts / clairs
- Être rapide / lent(e)

Grammaire

Le féminin des adjectifs

En général, on ajoute un « **e** ».

*Elle est souriant**e**.*

2 **Médiation** Par groupe, choisissez une de ces personnes célèbres et décrivez-la à la classe. Utilisez les adjectifs de l'encadré.

Soprano

Angèle

3 Écoute les descriptions. Qui parle ? 🎧 44

a. Les hamsters : Anis et Avril

b. Lulu : le chat

c. Coco : le perroquet

d. Diamant : le chien

e. Princesse : la chienne

Il est trop gentil !

4 Science de la vie et de la terre

Lis le document et réponds aux questions.

Collie Barbu

Autre(s) nom (s) : Collie des Highlands, Bearded collie
Origine : Grande-Bretagne
Groupe : Bergers et bouviers
Section : Chiens de berger
Note : ★★★½☆

Caractère et aptitudes

Affectueux
C'est un chien sympathique avec sa famille et les personnes qui sont proches.

Joueur
Très actif et dynamique, c'est un grand joueur.

Calme
Il aime bouger, courir mais il sait être tranquille à la maison. Il est gentil avec les enfants.

Craintif
Il est prudent avec les inconnus mais il n'est jamais agressif.

Intelligent
C'est un chien très intelligent et malin mais un peu têtu.

Indépendant
Il aime beaucoup sa famille mais aime aussi son indépendance.

a. De quel pays vient le Bearded collie ?

b. Vrai ou faux ?

1. Ce chien n'est pas très sociable.
2. Il aime jouer.
3. Il est intelligent.
4. Il est très nerveux à la maison.
5. Il veut toujours être avec la famille.

5 Associe les adjectifs aux photos des personnages de BD.

rêveuse   solitaire   hyperactif   spontanée   créative   joyeux   amusante   courageux

Lucky Luke

Lou

Naruto

Esther

6 **JEU** Avec ton/ta camarade, faites des recherches sur le caractère d'un personnage de BD. Dites le nom du personnage et donnez des adjectifs sur son caractère. Vos camarades disent si c'est vrai ou faux. Le premier qui trouve a un point.

PROJET

N'oubliez pas de parler des animaux de compagnie de votre famille.

Étape 2 : Description et caractère de chaque membre de la famille

Toujours en groupe, décrivez les membres de votre famille et parlez du caractère de chacun.

Leçon 3 — Joyeux anniversaire !

Je fête mon anniversaire !

1 Qu'est-ce que tu veux pour ton anniversaire ?

a. Réponds.

① Être avec ta famille ?

② Des cadeaux ?

③ Une fête avec tes amis ?

④ Un gâteau avec des bougies ?

b. Quels membres de ta famille tu invites ?

2 Écoute la conversation entre Iris et Mia. 🎧 45

a. Complète les bulles.

— On va … ton oncle ?
— On peut aller … la patinoire, … bowling, c'est génial, non ?

> **Grammaire**
>
> *Aller à / au / chez*
>
> On va **chez** Papy,
> **au** cinéma, **à la** patinoire,
> **à l'** aquarium.

b. Finalement, où elles vont aller ?

 ①  ②  ③

3 C'est ton anniversaire. Avec ton/ta camarade, cherchez des activités.

Venez nombreux !

4 Lis l'invitation. La fête de Hugo, c'est quand et où ?

Salut !

Je t'invite à mon anniversaire, chez moi, dimanche à 14 h. Est-ce que tu veux venir ?
J'habite 11 rue du Croissant.
À plus
Hugo

> ### Grammaire
> **L'interrogation avec *Est-ce que***
>
> En général, la réponse est avec *oui* ou *non*.
>
> **Est-ce que** tu viens à mon anniversaire ? → <u>Oui</u>, je viens. / <u>Non</u>, je ne peux pas.

5 Lis et réponds.

Hugo : Est-ce que vous venez à mon anniversaire ?

Lina : Oui, je viens et Camille et Sarah viennent aussi.

Mathis : Non, je ne peux pas, je vais chez mon grand-père.

Emma : Oui, je viens. Est-ce que ma sœur Jade peut venir ?

Qui vient ?
...

Qui ne vient pas ?
...

6 Éva invite sa famille pour son anniversaire. Écoute les messages et complète. 🎧 46

a. Oui je … ! Mes parents, mes deux frères et mon chien Tobby … aussi !
b. Vous …, à la maison cet été ?
c. Oui, nous …, avec tes trois cousins, tes deux cousines et heu… une surprise !

7 **JEU** Avec ton/ta camarade, pensez à un cadeau original à faire à un(e) ami(e). Vos camarades posent des questions avec *est-ce que* pour deviner. Le premier qui trouve a un point.

Est-ce qu'il est gros ? Est-ce que c'est un objet utile ?

PROJET

Étape 3 : Préparation et présentation de l'album interactif

Finalisez votre projet. Préparez votre album interactif avec l'outil Prezi Vidéo.
Sur chaque vignette, présentez un membre de votre famille avec son nom, son caractère, sa photo.
Appuyez sur le bouton rouge pour enregistrez votre voix ! Présentez votre album interactif à la classe

Vous pouvez aussi utiliser Prezi ou Power point pour réaliser un diaporama animé.

UNITÉ 4 — Grammaire

Les adjectifs possessifs

• **Observe**

Un seul possesseur

	Je	Tu	Il/Elle
Nom masculin singulier	**mon** frère	**ton** frère	**son** frère
Nom féminin singulier	**ma** sœur	**ta** sœur	**sa** sœur
Nom pluriel (féminin et masculin)	**mes** parents	**tes** parents	**ses** parents

• Attention ! Quand le nom féminin commence par une voyelle ou un *h* muet, on emploie *mon*, *ton*, *son*.

Mon arrière-grand-mère

• **Applique**

1 Choisis la bonne réponse.

a. C'est le frère de Maëlle. C'est *son / sa* frère.
b. Il a deux grands-mères. Ce sont *tes / ses* grands-mères.
c. J'ai une chatte. C'est *ma / ton* chatte.
d. C'est l'amie du frère d'Inès. C'est *mon / son* amie.

2 Complète la phrase avec *ton*, *ta*, *tes*.

Tu pars en vacances avec … deux sœurs, … frère, … parents, … grand-mère, … chien et … hamsters.

Les articles indéfinis et la négation

• **Observe**

- Quand le verbe est à la forme négative, les articles indéfinis deviennent « **de** ».
  *J'ai un chien mais je n'ai pas **de** chat.*
- Devant une voyelle ou un *h* muet, **de → d'**.
  *Ma sœur n'a pas **d'**enfant.*

• **Applique**

3 Complète avec *un*, *une*, *des*, *de* ou *d'*.

Chez moi, il y a … hamster, … chatte, … poules mais il n'y a pas … oiseau et pas … chien.

Le féminin des adjectifs

• **Observe**

- En général, on forme le féminin des adjectifs en ajoutant un « **e** » au masculin.
  Il est petit. → Elle est petite.
- Quand le masculin se termine par un « **e** », le féminin ne change pas.
  Il est rapide. → Elle est rapide.
- Quand le masculin se termine par :
  - **eux → euse**
    Il est heureux. → Elle est heureuse.
  - **f → ve**
    Il est vif. → Elle est vive.
  - **eau → elle**
    Il est beau. → Elle est belle.
  - **on → onne**
    Il est bon → Elle est bonne.
  - **os → osse**
    Il est gros. → Elle est grosse.
  - **il → ille**
    Il est gentil. → Elle est gentille.

- **Applique**

4 Mets les adjectifs au féminin.
a. sportif
b. mignon
c. blond
d. curieux
e. intelligent

5 Les adjectifs sont au masculin, au féminin ou les deux ?
a. brune
b. sportif
c. calme
d. mignonne
e. musclé
f. jeune

Aller à, au, à la, à l', chez

- **Observe**

> à + le = **au** → Je vais **au** cinéma.
> à + la = **à la** → Je vais **à la** patinoire.
> à + l' = **à l'** → Je vais **à l'**aquarium.
> **chez** devant un nom de personne
> → Je vais **chez** mon Papi.

- **Applique**

6 Complète avec *au, à la, à l'* ou *chez*.
a. Il va … son ami Noah.
b. Ils vont … parc.
c. Vous allez … exposition sur les mangas.
d. Tu vas … piscine.
e. Nous allons … Lenny et Miriam.

Les verbes *vouloir* et *pouvoir*

- **Observe**

Vouloir	Pouvoir
Je veux	Je peux
Tu veux	Tu peux
Il/Elle/On veut	Il/Elle/On peut
Nous voulons	Nous pouvons
Vous voulez	Vous pouvez
Ils/Elles veulent	Ils/Elles peuvent

- **Applique**

7 Complète avec la forme correcte.
a. Tu … quel cadeau pour ton anniversaire ? (*vouloir*)
b. Sofia ne … pas venir à ma fête. (*pouvoir*)
c. Vous … aller au bowling ? (*vouloir*)
d. Elles … finir le gâteau. (*pouvoir*)
e. Je … aller au musée. (*vouloir*)

L'interrogation avec *est-ce que*

- **Observe**

> - Après une question avec *Est-ce que*, on répond par « oui » ou « non ».
> – **Est-ce que** tu viens à mon anniversaire ?
> – *Oui, je viens !*
> – *Non, je ne peux pas !*

- **Applique**

8 Trouve la question avec *est-ce que*.
a. – …
 – Oui, j'ai un chien.
b. – …
 – Non, il est gentil.
c. – …
 – Oui, j'aime tous les animaux, surtout les chats.
d. – …
 – Non, la fête c'est le soir.
e. – …
 – Non, je ne peux pas aller au bowling. J'ai des devoirs.

Le verbe *venir*

- **Observe**

Venir	
Je viens	Nous venons
Tu viens	Vous venez
Il/Elle/On vient	Ils/Elles viennent

- **Applique**

9 Complète avec la forme correcte du verbe *venir*.
a. Elles … à 18 heures.
b. Tu ne … pas nous voir ce week-end ?
c. Vous … avec nous faire une promenade ?
d. Je … chez vous cet été.
e. Nous … à ta fête avec Lou et Jérémie.

UNITÉ 4 Vocabulaire

La famille

les grands-parents → le grand-père, la grand-mère
les parents → le père, la mère

Autres membres de la famille
- le frère
- la sœur
- le demi-frère
- la demi-sœur
- l'oncle
- la tante
- le cousin
- la cousine

le fils — la fille — la fille

1 Corrige les phrases fausses.

a. La mère de mon père, c'est ma tante.
b. Le fils de mon oncle, c'est mon cousin.
c. Les parents de ma mère, ce sont mes grands-parents.
d. La fille de mes parents, c'est mon frère.
e. Les enfants de mon oncle et de ma tante, ce sont mes sœurs.

2 Lis et choisis la bonne option.

a. Il fait la cuisine dans un restaurant. Il est *chef / médecin*.
b. Ma sœur joue de la musique. Elle est *photographe / musicienne*.
c. Mon cousin Yann donne des cours de français. Il est *professeur / acteur*.
d. Lili écrit dans un journal. Elle est *chanteuse / journaliste*.
e. Sa mère joue dans des pièces de théâtre. Elle est *traductrice / actrice*.

3 Complète la description des personnages du film « La famille Bélier » avec les mots suivants.

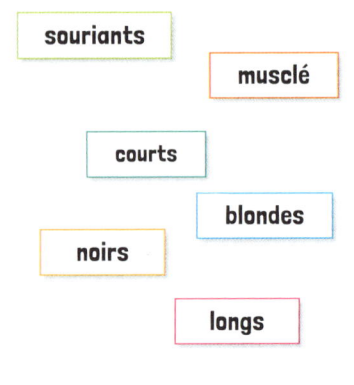

souriants
musclé
courts
blondes
noirs
longs

La fille et la mère sont … et ont les cheveux … .

Le père est … et il porte une barbe.

Le fils a les cheveux … et les yeux … .

Ils sont tous … .

4 L'anniversaire. Associe les photos aux noms.

les bougies   l'invitation   les cadeaux   le gâteau   la fête

a. (gâteau)
b. (confettis/ballons)
c. (cadeaux)
d. (invitation : Tu es invité!)
e. (bougies)

Phonétique

- Le son [ɔ̃] s'écrit « on » ou « om ».
  oncle   n**om**
- Le son [ɑ̃] s'écrit « an », « en », « em » ou « am ».
  t**an**te   v**en**t   m**em**bre   ch**am**bre

1 Écoute et répète. 47
a. Quel est ton nom ? Et ton prénom ?
b. Ma tante va chez le dentiste et à la banque.

2 Écoute. Tu entends [ɔ̃] ou [ɑ̃] ? 48
a. …   d. …
b. …   e. …
c. …   f. …

3 Écoute et lis. Dans chaque phrase, combien de fois tu entends le son [ɔ̃] ou le son [ɑ̃] ? 49
a. Ils vont au japon en avion.
b. Julian est un enfant intelligent.
c. Les garçons font du violon.
d. Mes grands-parents sont en vacances à la campagne.

MISSION 4
Libérer la famille Abams

🎧 50 Écoute, réponds et réussis ta mission !

👉 LES SUSPECTS

Pierre, le père

Je suis professeur. J'aime tous les animaux. J'ai la moitié de l'âge de ma mère, Marine. Aujourd'hui, je vais au théâtre.

Emma, la tante

Je suis photographe. J'adore les chats. J'ai l'âge de mon frère Pierre plus deux ans. J'adore les cheveux blonds. Ce soir, je vais aller voir un film.

Marine, la grand-mère

Je prépare le repas pour mon chat. J'adore ma profession, je joue dans des films. J'ai 60 ans.

Vincent, l'oncle

J'aime le sport. Je n'ai pas d'animaux. J'ai l'âge de ma mère Marine moins 20.

Sabrine, la mère
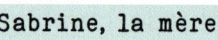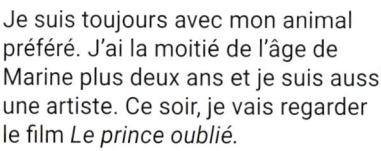
Je suis toujours avec mon animal préféré. J'ai la moitié de l'âge de Marine plus deux ans et je suis aussi une artiste. Ce soir, je vais regarder le film *Le prince oublié*.

👉 LES ÉNIGMES

1. L'animal préféré du coupable n'a pas mangé. C'est quel animal ?
2. Quel est l'âge du coupable ?
3. Quelle est la profession du coupable ?
4. Le coupable a les cheveux … ?
5. Que fait le coupable ce soir ?

👉 **LES INDICES**

1.

2. Regarde les miroirs sur le mur.

3. Le coupable a oublié ces 5 objets utiles pour sa profession.

4. Observe la brosse.

5. Reconstitue le puzzle.

Le coupable est ... .

Unité 4

Bilan

Compréhension orale

1. Écoute, observe la photo et dis qui est qui. 🎧 51

2. Regarde de nouveau la photo et réponds.

a. Ils sont où ?
b. Qui a sept ans ?
c. Qui est debout ?
d. Qui a les cheveux blancs ?

Compréhension écrite

3. Regarde et lis le document.

Des familles toutes différentes!
Il existe toutes sortes de familles! On ne peut pas toutes les dessiner
Ce qui est important, c'est l'amour.

a. Vrai ou faux ?
1. Toutes les familles sont identiques.
2. Les parents ne sont pas toujours un père et une mère.
b. D'après l'auteur de l'affiche, qu'est-ce qui est le plus important ? Réponds.

Interaction orale

4. Pose les questions suivantes à ton/ta camarade sur sa famille. 👥

a. Quelles activités tu fais en famille ?
b. Utilise trois adjectifs pour décrire ta famille.
c. Et toi, tu aimerais avoir quel genre de famille plus tard ?

Portfolio

Je sais...
- présenter ma famille.
- parler du physique et du caractère de quelqu'un.

Je connais...
- les adjectifs possessifs.
- le féminin des adjectifs.

Je sais utiliser...
- les verbes *pouvoir*, *vouloir* et *venir*.
- l'interrogation avec *est-ce que*.

Je connais...
- le nom des membres de la famille.
- le nom de quelques animaux domestiques.
- des mots en relation avec l'anniversaire.

Je sais prononcer...
- les sons [ɔ̃] et [ɑ̃].

Beaucoup · Un peu · Pas du tout

UNITÉ 5 — Bon appétit !

Vocabulaire
1. une aubergine
2. un concombre
3. une tomate
4. de l'ail
5. des pommes de terre
6. des asperges
7. une banane
8. un poivron
9. une pomme
10. un champignon
11. un citron
12. un piment
13. une orange

PROJET : Réaliser une carte de plats francophones

J'apprends à :
- parler de mon alimentation. p. 70
- proposer / demander un aliment. p. 72
- caractériser les aliments. p. 74
- utiliser les outils de la langue. p. 76

1 Devine.
a. Dans mon nom, il y a deux « o ». Qui suis-je ?
b. Dans mon nom, il y a un « gn » et un « h ». Qui suis-je ?

2 Invente une devinette.
Ton/Ta camarade trouve le mot.

3 Quels fruits et légumes tu aimes ?

Leçon 1 — Qu'est-ce qu'on mange ?

Léo et Zohour présentent des plats francophones.

La quiche lorrraine

Le couscous

Des pâtes à la tomate

1 Regarde la vidéo n° 5 « Des plats francophones ».

a. Lis et complète à l'aide de l'encadré.

Dans la quiche, il y a des lardons, de la crème fraîche, du fromage et des œufs. Dans le couscous, il y a … courgettes et … carottes, … poulet, des pois chiches et … semoule.

b. Quel aliment il n'y a pas dans la quiche ?

 ①  ②  ③  ④

c. On mange le coucous avec quel aliment ?

 ① des pâtes  ② du riz  ③ de la semoule

Grammaire

Les article partitifs

	Masculin	Féminin
Singulier	**du** poulet	**de la** crème
Pluriel	**des** œufs	**des** tomates

2 Choisis une photo et donne les ingrédients. Ton/Ta camarade montre le bon plat.

 a  b  c  d

3 **JEU** Science de la vie et de la terre

Par groupes de trois ou quatre, cherchez des aliments qui contiennent de la vitamine C. Le groupe qui a le plus d'aliments gagne un point.

le kiwi

> **Grammaire**
>
> *Manger*
>
> je mange
> tu manges
> il/elle/on mange
> nous mang**e**ons
> vous mangez
> ils/elles mangent

Des plats exotiques

4 Écoute et réponds. 52

Je m'appelle Anaïka. Voici un plat typique de chez moi : le rougail saucisse.

a. Où habite Anaïka ?
b. Cite trois ingrédients du rougail saucisse.
c. On sert ce plat avec quel aliment ?

5 Médiation Avec ton/ta camarade, cherchez un plat étranger. Donnez son nom et les ingrédients à la classe.

PROJET

Étape 1 : Faire une liste d'aliments

Formez des groupes de 4 ou 5 et faites une liste d'un maximum d'aliments. Précisez s'il s'agit de fruits, légumes, viande, fromage, épices, etc.

Leçon 2 — J'aime tout !

Un bon petit-déjeuner !

1 **Lis le texte et réponds à la question.**
Quels aliments il y a dans le petit-déjeuner anglais ?
Il y a des saucisses...

Chaque pays a son petit-déjeuner

Au petit-déjeuner, les Français prennent des tartines avec du beurre et de la confiture ou des croissants. Ils prennent aussi des céréales avec du lait et un jus de fruits ou un café pour les adultes.

En Angleterre, le petit déjeuner est différent.

Vocabulaire
- le petit-déjeuner
- le déjeuner
- le goûter (pour les enfants)
- le dîner

2 **Parle à ton/ta camarade de ton petit-déjeuner.**
Je prends du pain avec du jambon...

3 **Médiation** Avec ton/ta camarade, choisissez un pays. Qu'est-ce que les habitants prennent au petit-déjeuner ? Présentez à la classe.

Grammaire

Prendre

Je prends
Tu prends
Il/Elle/On prend
Nous prenons
Vous prenez
Ils/Elles prennent

Des plats amusants

4 **Lis et réponds.**

L'origine du mot croque-monsieur

Pour le déjeuner, on peut manger à la maison, au restaurant ou un sandwich ou un croque-monsieur.

Un croque-monsieur est un sandwich grillé composé de pain de mie 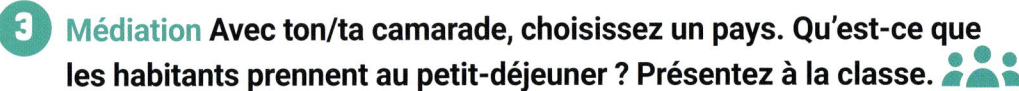, de jambon et de fromage.

On ne connaît pas l'origine de son nom. Mais il y a une légende.
Le jour où Michel Lunarca, l'inventeur du croque-monsieur, présente son sandwich pour un dîner, un client demande : « Il est fait avec quelle viande ? » et le cuisinier répond pour rire : « avec de la viande de monsieur ». Et voilà, le nom est né.

Il existe aussi un croque-madame. Le voici :

a. Le croque-monsieur est un plat avec des légumes. Vrai ou faux ?

b. D'après la légende, il y a quelle viande dans le croque-monsieur ?

c. Quelle est la différence entre le croque-monsieur et le croque-madame ?

5 **JEU** Par groupes de 3 ou 4, cherchez des noms amusants de plats de votre pays. Le groupe qui trouve le plus de noms gagne.

Je voudrais une pizza aux quatre fromages

6 Gaspard est au restaurant avec ses parents et sa sœur. Il commande son menu. Écoute et complète. 54

Phonétique

Les sons [n] et [ɲ]
Écoute. Combien de fois tu entends le son [n] et le son [ɲ] ? 53

J'aime les nems, les beignets et l'ananas mais je déteste les navets et les champignons.

Grammaire

Le conditionnel de politesse

Quand on demande quelque chose poliment, on emploie « **je voudrais** ».

Je voudrais une pizza, s'il vous plaît.

MENU

Entrées
Salade tomate mozzarella
ou
Œufs durs mayonnaise

Plats
Steak frites
ou
Saumon ratatouille
ou
Lasagne végétarienne

Desserts
Tiramisu
ou
Tarte aux pommes

16 EUROS

En entrée, je voudrais … et comme plat, … .

Et comme … ?

Je … la tarte aux pommes.

7 **Médiation** L'oncle de Gaspard arrive en retard. Gaspard explique le menu.

En entrée, il y a…

8 **JEU** Tu es au kiosque *La plage*. Tes amis Kilian, Olga et Lou arrivent bientôt. Tu commandes des jus de fruit. Trouvez le jus pour chaque personne, inventez un dialogue avec le serveur puis jouez la scène.

Toi, tu prends un jus de fraises mais tu sais que…
– Kilian n'aime pas les oranges et les fraises ;
– Olga adore les fraises ;
– Lou adore les kiwis.

PROJET Étape 2 : Les plats francophones

Toujours en groupes, sélectionnez un pays et cherchez des plats francophones sur Internet à partir de votre liste de l'étape 1. Recherchez aussi des images de plats dans chaque pays pour illustrer la carte.

Leçon 3 — J'ai une alimentation équilibrée

Je mange sain !

1 Lis. Nomme les aliments de la photo et classe dans le tableau.

LE RÉGIME MÉDITERRANÉEN

- **beaucoup de** céréales et des féculents
- **beaucoup de** fruits et légumes
- du poisson et **un peu de** viande et **d'**œufs
- **pas trop de** produits sucrés
- **peu de** produits laitiers

Grammaire

Exprimer la quantité

beaucoup de fruits et légumes
(un) peu de viande
trop de sucre

beaucoup de/d'
tomates
...
un peu de/d'
œufs
...
pas trop de/d'
bonbons
...

2 Écoute et complète.

Louise : Je mange ... céréales, surtout intégrales, des pommes de terre ou des légumes, ... viande et parfois, ... chocolat.

Enzo : Je mange ... fruits et légumes, ... œufs et ... produits laitiers. Mais je mange ... fromage.

3 Pose des questions à ton/ta camarade sur son alimentation.

Tu manges beaucoup de fruits ?

4 Médiation Avec ton/ta camarade, cherchez des plats équilibrés pour un(e) sportif(ve) ou un(e) végétarien(ne).

5 JEU Avec ton/ta camarade, proposez un menu pour la cantine à la classe. Votez pour le menu le plus équilibré.

6 Observe les photos. Lis et donne une appréciation. Utilise les mots de l'encadré.

Vocabulaire
- c'est acide
- c'est salé
- c'est sucré
- ça pique
- c'est bon / délicieux
- c'est mauvais / dégoûtant

Le saucisson, c'est salé.

a La soupe, ...

b La confiture, ...

c Le vinaigre, ...

d Les piments, ...

e Le chocolat, ...

7 JEU Par groupe de trois ou quatre, faites une liste d'aliments sucrés et salés en 3 minutes. Présentez à la classe. Le groupe qui a le plus de mots gagne un point.

PROJET

Étape 3 : Réalisation et présentation de la carte interactive des plats de la francophonie

Dans cette dernière étape, vous réalisez votre carte des plats. Placez vos plats sur une grande carte du monde. Indiquez : le nom du pays ; le nom et les ingrédients du plat ; une image du plat. Vous présentez votre carte à la classe. Vous pouvez publier la carte interactive sur le blog du collège.

Pour rendre votre carte interactive, vous pouvez utiliser les logiciels GENIALY ou PREZI ! Cela permet d'utiliser des photos, des vidéos, du son, etc.

Unité 5

UNITÉ 5 Grammaire

Les articles partitifs

• **Observe**

	Masculin	Féminin
Singulier	du chocolat / de l'ananas	de la salade / de l'eau
Pluriel	des gâteaux	des fraises

Attention !
- À la forme négative, on emploie « **de** » :
  Je veux du chocolat. → Je ne veux pas de chocolat.
- Avec les verbes *aimer, adorer, détester* et *préférer*, on n'utilise pas le partitif car ces verbes n'expriment pas la quantité.
  *J'aime **le** fromage.*
  *Je déteste **les** tomates.*

• **Applique**

1 Choisis la bonne option.

a. Elle mange *du / de la* poulet pour le déjeuner.
b. Je voudrais *des / de la* salade comme entrée.
c. Comme dessert, nous mangeons *du / des* yaourts.
d. Ce soir, je veux *de la / du* fromage.

2 Complète le texte avec un article partitif.

En entrée, je prends … œufs mayonnaise, comme plat, … poisson avec … riz et en dessert, … compote de pommes. Et comme boisson, … eau.

3 Mets à la forme négative.

a. Il veut de l'avocat.
b. Nous mangeons des biscuits.
c. Il y a du jus d'orange dans la bouteille.
d. Vous prenez du fromage.

Le verbe *manger*

• **Observe**

Manger

Je mange	Nous mangeons
Tu manges	Vous mangez
Il/Elle/On mange	Ils/Elles mangent

- À la 1ʳᵉ personne du pluriel, on met un « e » devant le « o » pour conserver le son [ʒ].
  Nous mangeons des bonbons.
- Cette règle s'applique pour tous les verbes qui ont l'infinif en **-ger** : *ranger, nager, voyager*, etc.

• **Applique**

4 Réponds aux questions.

a. Vous mangez du poulet à midi ?
   Oui, nous …
b. Vous nagez à la piscine ?
   Oui, nous …
c. Vous parlez français ?
   Oui, nous …
d. Vous jouez au foot ?
   Oui, nous …
e. Vous voyagez souvent ?
   Oui, …

Le verbe *prendre*

• **Observe**

Prendre

Je prends	Nous **prenons**
Tu prends	Vous **prenez**
Il/Elle/On prend	Ils/Elles **prennent**

- Le verbe *prendre* a trois radicaux : *prend-* pour les 3 personnes du singulier, *pren-* pour la 1re et la 2e personnes du pluriel et *prenn-* pour la 3e personne du pluriel.
- Les verbes *comprendre*, *apprendre*, etc. se conjuguent de la même façon.

• **Applique**

5 Choisis la bonne option.
a. Nous *prenons* / *prend* du thé au petit-déjeuner.
b. Les enfants *prend* / *prennent* leur goûter à 16 heures.
c. Tu *prends* / *prend* souvent de la salade en entrée ?
d. Vous *prenons* / *prenez* toujours des fruits en dessert.
e. Je *prends* / *prend* une bonne soupe pour le dîner.

6 Complète les phrases avec le verbe *prendre*.
a. Au petit-déjeuner, tu … des céréales.
b. Qu'est-ce que vous … comme entrée ?
c. Nous … une pizza Margherita.
d. Elles … un jus d'orange tous les matins.
e. Tu … de l'eau ou un soda ?

Expression de la quantité

• **Observe**

- Pour exprimer une quantité globale, on emploie **beaucoup de** ou **peu de**.

  *Dans la bouteille, il y a **beaucoup de** lait.*

  *Dans la bouteille, il y a **peu de** lait.*

- Si on veut donner une appréciation, on emploie **trop de**.

  *Dans le verre, il y a **trop d'**eau.*

• **Applique**

7 Complète ou fais des phrases avec des mots qui expriment la quantité.

a Dans le panier, il y a … pommes.

b Ici …

c Là …

8 Donne ton avis sur ce plat en exprimant la quantité.

Dans cette pizza, il y a…

UNITÉ 5 Vocabulaire

Les aliments

Les boissons
- l'eau
- un jus de fruit
- un soda

Les fruits
- une pomme
- une orange
- une fraise
- une cerise
- une pêche
- un abricot
- une banane
- un ananas

Les légumes
- une pomme de terre
- un navet
- une courgette
- une aubergine
- une carotte
- un champignon
- une tomate
- une salade
- un poivron

Les féculents et les céréales
- le pain
- les pâtes
- le riz
- la semoule
- les haricots rouges et blancs
- les lentilles
- les pois chiches

Les produits laitiers
- le lait
- le yaourt
- le fromage

Les poissons la viande les œufs
- le poulet
- le saumon

1 Voici le menu du jour de la cantine.

a. Quelle est l'entrée, quel est le plat principal et quel est le dessert ? Donne un nom au plat.

a   b   c

b. Fais la liste des ingrédients qui composent chaque plat.

2 Classe les aliments.

a du pâté   b des olives   c du miel

d du chocolat   e des biscuits   f des chips

salé	sucré
...	...

4. Donne une appréciation sur ces plats.

salé   bon   dégoûtant   délicieux   mauvais   sucré

a.

c.

b.

d.

Phonétique

- Le son [n] s'écrit « n », « nn » ou « mn ».
  *n*ote   a*nn*ée   auto*mn*e

- Le son [ɲ] s'écrit « gn ».
- Ce son a donc la lettre « g » qui se prononce [g] devant *a*, *o*, *u* et se lit [ʒ] devant *e*, *i*. Quand on ajoute le n = gn, il devient [ɲ].
  L'Espa*gn*e

1. Écoute et répète. 🎧 56
a. Les noix et les noisettes, c'est bon pour la santé.
b. Au marché, j'achète des bananes et des nectarines.

2. Écoute les phrases et complète avec « n » ou « gn ». 🎧 57
a. Pour la chandeleur, on fait des crêpes et des bei…ets.
b. Ma grand-mère prépare une soupe aux châtai…es.
c. Dans ce plat, il y a des …avets, des courgettes, des pommes de terre et des carottes.
d. Dimanche, pour le déjeuner, je prépare de l'a…eau à la grecque et un sorbet à la mandari…e.

3. Complète les phrases avec le bon mot et prononce à voix haute.
a. Mon père adore la soupe à l' 🧅 .
b. – Qu'est-ce qu'on a pour le dîner ?
   – Un velouté de 🧄 .
c. Aujourd'hui, au menu, 🍽️ . C'est super !

4. Dans le livre, cherche trois mots avec le son [ɲ].
Allemagne.

MISSION 5
Panique à la cantine

🎧 58 Écoute, réponds et réussis ta mission !

d_ poisso_
de l_ viande
de_ pâtes
des légu_es
du p_ulet

LES SUSPECTS

Madame Cuillère
« Je n'aime pas le chocolat. »

Monsieur Bouteille
« Moi, je suis allergique au chocolat. Je dis le mot chocolat et paf, j'ai des boutons partout. »

Monsieur Fourchette
« Moi, malheureusement, je ne peux pas manger de sucre. »

LES ÉNIGMES

1. L'entrée est aussi un film.
2. Le plat principal est une tarte au ... .
3. Quel est le dessert ? Une ... au chocolat.
4. Comme boisson, il y a ... .
5. Qui a pris le chocolat ?

80 quatre-vingt

Unité 5

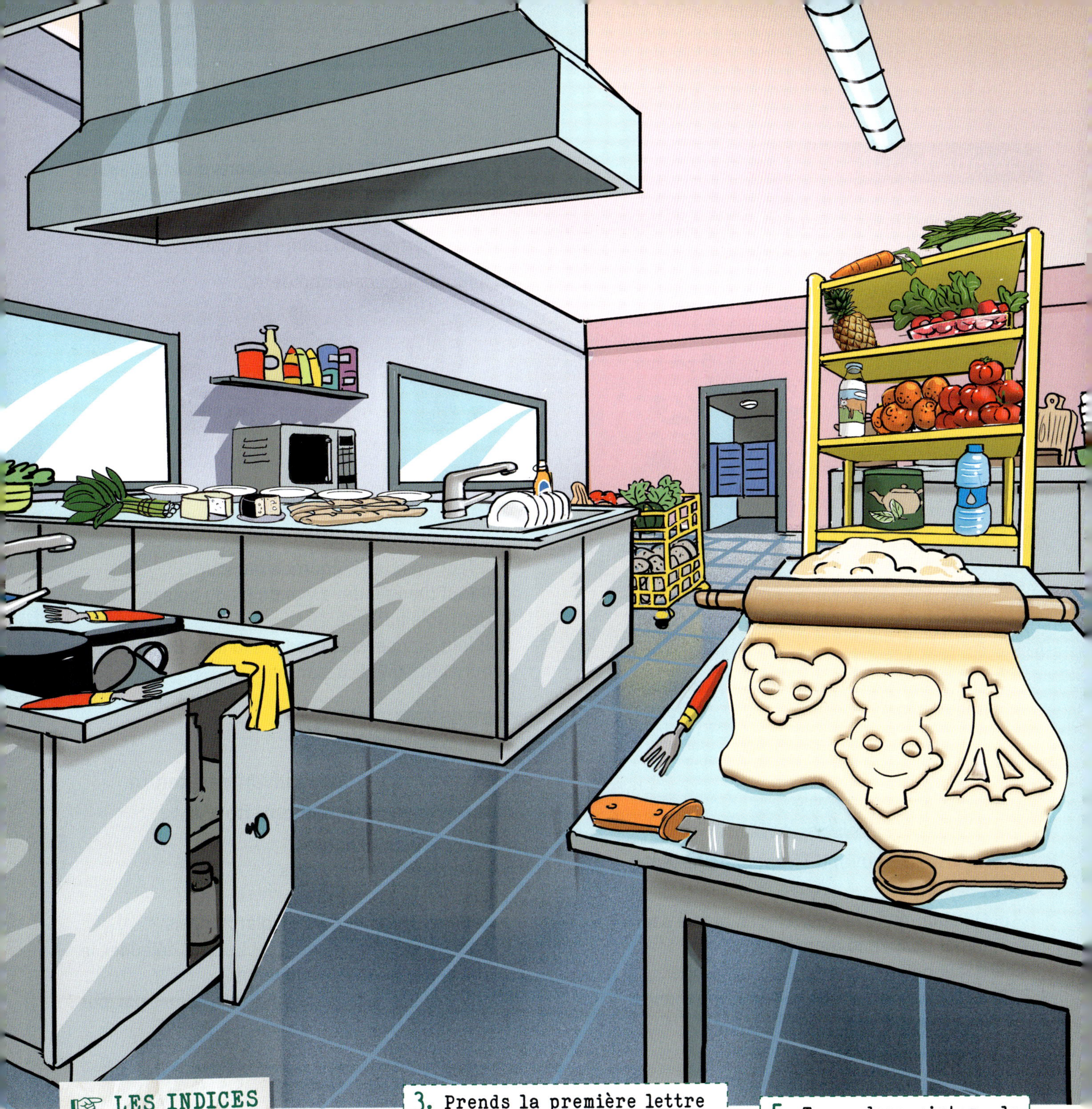

LES INDICES

1. Regarde le message sur la pâte.

2. Complète la liste de courses et mets les lettres dans l'ordre.

   d_ poisso_
   de l_ viande
   de_ pâtes
   des légu_es
   du p_ulet

3. Prends la première lettre des aliments de l'étagère. Le dessert est aussi un prénom.

4. Regarde le distributeur de boisson. Qu'est-ce qu'il y a dans le premier verre ?

5. Tu as deux pistes : le coupable ment et son nom est un couvert. Il apparaît 5 fois sur la grande image.

Quel est le menu du jour ?
Entrée : ...
Plat : ...
Dessert : ...
Boisson : ...

Unité 5

Bilan

Compréhension orale

1. Observe l'image. Écoute et associe les aliments aux chiffres en bleu. 🎧 59

a. image n° ...
b. image n° ...
c. image n° ...
d. image n° ...
e. image n° ...
f. image n° ...

Compréhension écrite

2. Regarde à nouveau l'image, lis le texte et réponds.

a. Que doit-on faire pour être en bonne santé ?
1. Il faut beaucoup manger.
2. Il faut bouger souvent et bien manger.
3. Il faut bouger un peu et beaucoup manger.

b. Choisis 3 aliments ou boissons qu'il faut limiter (qu'il ne faut pas manger ou boire beaucoup).
des frites – des tomates – des sodas – de l'eau – des courgettes – du pain – des gâteaux – du riz

c. Il faut boire beaucoup de/d'...

3. Vrai ou faux ? Réponds.

a. Il faut limiter le sel.
b. Il faut manger 3 légumes par jour.
c. Il faut manger de la viande ou du poisson une à deux fois par jour.
d. Il faut manger des produits laitiers (lait, fromage, yaourt, etc.) une fois par jour.

Interaction orale

4. Pose les questions suivantes à ton/ta camarade sur son alimentation. 👥

a. Quel aliment tu adores ?
b. Quel aliment tu détestes ?
c. Quel est ton plat préféré ?
d. Est-ce que tu connais un plat français ?
e. Quel est ton repas préféré ? Le petit déjeuner, le déjeuner, le goûter ou le dîner ?
f. Est-ce que tu manges 5 fruits ou légumes par jour ?

Portfolio

Je sais...
- parler de mon alimentation.
- demander un aliment.

Je connais...
- les articles partitifs.
- le conditionnel de politesse.

Je sais utiliser...
- les verbes *manger* et *prendre*.
- les mots qui expriment la quantité.

Je connais...
- les aliments.
- les repas.
- des mots pour donner une appréciation.

Je sais prononcer...
- les sons [n] et [ɲ].

UNITÉ 6 — On a du style !

PROJET : Organiser une vente de vêtements pour un voyage de fin d'année

J'apprends à :
- dire ce que je porte. — p. 84
- caractériser des vêtements. — p. 86
- faire des achats. — p. 88
- utiliser les outils de la langue. — p. 90

1 Écoute, associe à la bonne personne puis montre les vêtements. 🎧 60

Vocabulaire
- un tee-shirt
- une chemise (à carreaux)
- un jean (troué)
- des baskets
- une jupe
- un sac
- un short
- un bracelet

Leçon 1 — Mes vêtements et moi

Léna parle de la collecte de vêtements.

Je donne mes vêtements

1 Regarde la vidéo n° 6 « Collecte de vêtements pour le voyage de fin d'année » et réponds.

a. Avec qui Léna parle ?
1. La proviseure.   2. Une professeure.   3. Une journaliste.

b. Pourquoi Léna fait une collecte de vêtements ?
1. Pour les donner.   2. Pour le voyage de fin d'année.   3. Pour les recycler.

c. Qu'est-ce que c'est ?

Explique-nous votre projet.

On demande aux élèves d'apporter des vêtements pour les vendre.

① ② ③ ④

d. Combien coûte chaque vêtement ?

Grammaire

Les adjectifs démonstratifs

	Masculin	Féminin
Singulier	**ce** pull	**cette** jupe
Pluriel	**ces** gants	**ces** robes

⚠️ **cet** imperméable

Je mets la robe rose ?

2 Lis puis réponds à Lila, Kilian et Maeva, comme dans l'exemple.

Lila
Ce soir, je vais à une fête. Je mets cette robe rose ou cette robe orange ? Aide-moi !

Moi, je préfère la robe rose.

Kilian
Je veux un nouvel imperméable. J'achète cet imperméable blanc ou cet imperméable rouge ?

Maeva
Qu'est-ce que tu penses de ce tee-shirt ? Mon frère aime. Moi, je n'aime pas ! Et toi ?

3 Ambre et Capucine regardent des vêtements sur Internet. Écoute et complète les phrases.

a. ... salopette est super, non ?
b. ... tee-shirt à rayures est génial.
c. ... jupe en jean. C'est mon style.

4 JEU Un élève lit une feuille. Sur cette feuille, on dit comment est habillé un camarade de la classe. Le premier élève qui donne le nom du camarade gagne un point.

Parce que j'aime

5 Adam et Léo parlent de leur déguisement de carnaval. Écoute, complète et répond aux questions.

Grammaire

Pourquoi ? / Parce que...

– *Pourquoi* tu mets un pull ?
– *Parce que* j'ai froid.

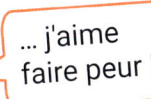
... j'aime faire peur !

a. Pourquoi Léo se déguise ?
b. Pourquoi il met ce déguisement et pas un autre ?
c. Qu'est-ce qu'Adam propose ?

6 Avec ton/ta camarade, posez-vous des questions comme dans les exemples.

– Pourquoi tu mets ces baskets ?
– Parce que j'ai foot.

– Pourquoi tu mets cette robe ?
– Parce que je vais à l'anniversaire de Zélia.

PROJET

Étape 1 : Faire une liste de vêtements

Formez des groupes de 4 ou 5 et faites une liste des vêtements que vous allez donner. Faites des photos. Expliquez pourquoi vous choisissez ces vêtements.

Je donne cette chemise parce qu'elle est trop petite.

Leçon 2 — Bientôt l'été !

Il va faire chaud cet été !

1 Lis le texte et réponds.

Climat et règles vestimentaires !

La Réunion est un département d'outre-mer français dans l'océan Indien. Les élèves ne sont pas obligés de porter des uniformes à l'école. Attention ! Ils doivent respecter le règlement du collège ! Par exemple, les jupes ou les tee-shirts très courts sont interdits. Pour les élèves, c'est un problème, car l'été à la Réunion il fait chaud ! L'hiver, c'est plus facile. On peut ajouter des pulls ou des manteaux quand on a froid !

a. Où se situe la Réunion ?
b. Sur l'île de la Réunion, les uniformes sont :
   1. interdits.   2. facultatifs.   3. obligatoires.
c. Quels vêtements sont interdits par le règlement des écoles ?
d. Quand fait-il chaud à la Réunion ?

2 Nomme une saison. Ton/Ta camarade choisit les bons vêtements. Puis inversez les rôles. 👥

– C'est l'été.
– Je mets un tee-shirt, un short…

3 **Médiation** Faites un sondage sur la saison préférée des élèves de la classe. Demandez pourquoi. Présentez les réponses. 👥

Vocabulaire

- hiver   • printemps   • automne   • été

Je vais vivre au Québec

4 Lis et réponds.

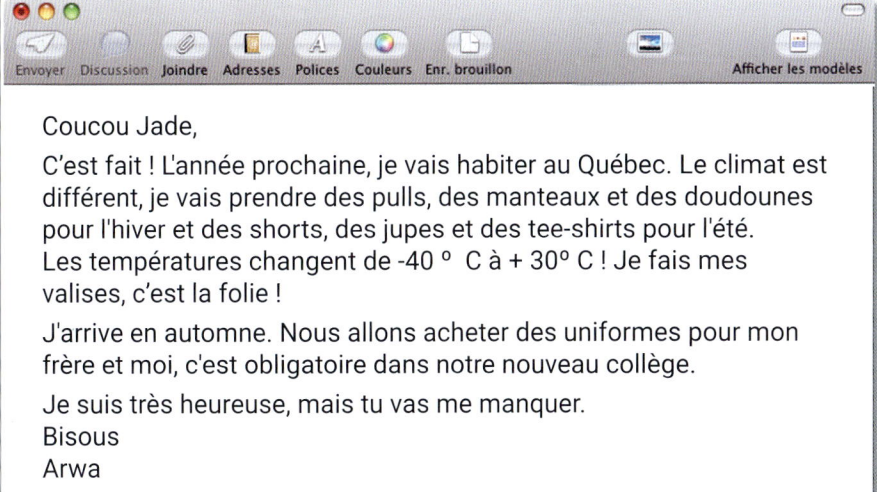

a. Où Arwa va habiter ?
b. Elle arrive à quelle saison ?
c. Quels vêtements elle emporte ?
d. Pour aller au collège, quels vêtements Arwa va porter ?

Coucou Jade,

C'est fait ! L'année prochaine, je vais habiter au Québec. Le climat est différent, je vais prendre des pulls, des manteaux et des doudounes pour l'hiver et des shorts, des jupes et des tee-shirts pour l'été. Les températures changent de -40 ° C à + 30° C ! Je fais mes valises, c'est la folie !

J'arrive en automne. Nous allons acheter des uniformes pour mon frère et moi, c'est obligatoire dans notre nouveau collège.

Je suis très heureuse, mais tu vas me manquer.
Bisous
Arwa

Grammaire

Le futur proche

aller + infinitif

5 Vous allez passer une semaine à la montagne. Quels vêtements que vous allez mettre dans votre valise.

Je vais mettre une doudoune bien chaude, …

Phonétique

Les sons [y] et [u]

Écoute. Combien de fois tu entends le son [y] et le son [u] ? 63

Ce pull est trop large

6 Écoute et montre. Aide-toi de l'encadré. 64

    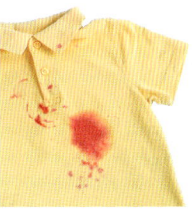

a. b. c. d. e.

Vocabulaire

- un tee-shirt large ≠ serré
- une jupe courte ≠ longue
- des chaussures confortables
- un pull sale ≠ propre
- un jean déchiré, troué
- un blouson original ≠ classique
- une robe moderne ≠ ringarde

7 **Médiation** Avec ton/ta camarade, choisissez un modèle d'un défilé de mode. Présentez à la classe.

C'est une robe moderne.

PROJET Étape 2 : Description des vêtements

Toujours en groupes, à partir de votre liste de l'étape 1, décrivez les vêtements que vous allez donner. Vous pouvez écrire la description et la placer à côté d'une photo ou présenter le vêtement dans une vidéo.

Cette veste d'automne est originale et colorée. Elle est propre et chaude.

Leçon 3 — Sortie shopping !

Ça coûte combien ?

1 Écoute.

a. Mets le dialogue dans l'ordre.

– Oui, les cabines d'essayage sont au fond du magasin. Vous désirez autre chose ?
– Bonjour, je peux vous aider ?
– Avec la promotion, elle est à 39,99 euros.
– Oui, combien coûte cette veste ?
– Je peux l'essayer ?
– Non, merci beaucoup.

b. Réponds.

1. Combien coûte la veste ?

a. **39,99 euros**   b. **35,98 euros**   c. **25,50 euros**

2. Le vendeur indique quel lieu ?

a   b   c

Grammaire

Combien

Combien s'utilise pour demander une quantité.

Combien coûte ce tee-shirt ?

3. À ton avis, Tania va acheter la veste ?

2 Écoute, lis et complète avec le bon chiffre.

- **70** : soixante-dix
- **71** : soixante **et** onze
- **74** : …
- **77** : soixante-dix-sept
- **80** : quatre-vingt**s**
- **81** : …
- **88** : …
- **89** : …
- **90** : quatre-vingt-dix
- **94** : …
- **97** : …
- **100** : cent

3 **Mathématiques** Calcule et donne la réponse en français.

J'achète un manteau à 80 euros, un pull à 40 euros, un pantalon à 30 euros. Les vêtements du magasin ont une réduction de 50 %. Combien je paie ?

4 Avec ton/ta camarade, choisissez une somme d'argent. Cherchez des vêtements à acheter. Vous ne pouvez pas dépenser la somme fixée.

5 **JEU** Le juste prix. Choisissez un vêtement et pensez à un prix. Vos camarades devinent.

Tee-shirts originaux

6 Lis la publicité et complète les phrases. Aide-toi de l'encadré.

> **Toute la mode est sur #Mode !**
>
> Découvrez nos tee-shirts originaux dans la section « humour » ! Profitez de prix spéciaux pour les 11-15 ans !
>
> Les nouveaux accessoires sont à 9,99 euros !
>
> Lunettes fashion !
> Beaux bracelets colorés !
> Gants doux et chauds !
> Stylos avec micro pour agents spéciaux !

Grammaire
Le pluriel des adjectifs irréguliers

original	→ origin**aux**
génial	→ géni**aux**
beau	→ b**eaux**
nouveau	→ nouv**eaux**
doux	→ doux

Froid, cet hiver ? Pas question ! Faites comme moi… mettez ce bonnet tout doux, original et génial ! Mes copines adorent !

a. Les prix sont …
b. Les accessoires sont …
c. Les lunettes sont …
d. Les bracelets sont …
e. Les gants sont …

7 Choisissez un vêtement et créez un slogan publicitaire.

PROJET — Étape 3 : Organisation de la vente

Dans cette dernière partie, vous organisez la vente des vêtements. Choisissez un jour et un lieu pour l'événement. Faites une affiche pour inviter les autres élèves à participer. Fixez un prix de vente.

UNITÉ 6 Grammaire

Les adjectifs démonstratifs

• **Observe**

	Masculin	Féminin
Singulier	**ce** manteau	**cette** écharpe
Pluriel	**ces** pantalons	**ces** sandales

- On utilise les adjectifs démonstratifs pour montrer quelque chose.
  Ce jean n'est pas cher.
- Attention ! Devant un nom masculin singulier commençant par une voyelle ou un *h* muet, « **ce** » devient « **cet** ».
  Cet imperméable protège bien.

• **Applique**

1 Classe les mots dans le tableau.

vêtements   robe   jupe   jean   chaussures   écharpes   anorak

ce	cet	cette	ces
…	…	…	…

2 Complète le texte avec un adjectif démonstratif.

– Léa, regarde … robe, elle est géniale !
– Ah, non ! … robe est un peu trop habillée. Je préfère … salopette.
– Mais non ! Tu dois acheter quelque chose de chic pour la fête de fin d'année ! … pantalon étroit, … chemisier à pois ou … top.
– Je n'aime pas … style. Et puis pourquoi mettre … vêtements ? Je me sens très bien avec … jean et … tee-shirt.

Le verbe *mettre*

• **Observe**

Mettre

| Je mets | Il/Elle/On met | Vous **mettez** |
| Tu mets | Nous **mettons** | Ils/Elles **mettent** |

- Le verbe *mettre* a deux radicaux : *met-* pour les 3 personnes du singulier, *mett-* pour les trois personnes du pluriel.
- Les verbes *permettre*, *admettre*, etc. se conjuguent de la même façon.

• **Applique**

3 Complète avec le verbe *mettre*.

a. Je … un pull parce qu'il fait froid.
b. Nous … des baskets pour faire la randonnée.
c. Tu … un uniforme pour aller à l'école ?
d. Vous … un chapeau parce qu'il y a du soleil.
e. Elles … des bijoux pour aller à la fête.
f. Il … le maillot de son équipe ?

Pourquoi/Parce que

• **Observe**

- On utilise **pourquoi** pour demander la cause.
  – *Pourquoi tu portes des baskets ?*
  – *Parce que je vais courir.*

• **Applique**

4 Associe les questions et les réponses.

a. Pourquoi tu portes des jeans troués ?
b. Pourquoi il met son anorak ?
c. Pourquoi elle a cette jolie robe ?
d. Pourquoi tu aimes le style sportif ?

1. Parce qu'elle va à une fête.
2. Parce que c'est confortable.
3. Parce que j'aime ces pantalons.
4. Parce qu'il fait froid.

Le futur proche

• Observe

- On utilise le futur proche pour parler d'une action qui est sur le point de se produire.
- Le futur proche se forme avec le verbe **aller** au présent + infinitif.

  Je **vais** acheter une nouvelle robe pour la fête du collège.
  Ils **vont** aller faire les magasins.

• Applique

5 Choisis le bon verbe puis mets les phrases au futur proche.

regarder   sortir   mettre   faire   acheter   porter

a. Je … des vêtements pour la fête.
b. Tu … une jupe ou un pantalon ?
c. Elle … avec sa doudoune.
d. Nous … un tour au centre commercial.
e. Vous … le défilé de mode à la télé ?
f. Ils … des vêtements chauds pour le ski.

Combien

• Observe

- On utilise **combien** pour demander une quantité.

  Combien coûte cette veste ?
  Combien tu as de frères et sœurs ?

• Applique

6 Associe les questions et les réponses.

a. Combien ça coûte ?
b. Tu as combien d'amis ?
c. Elle a combien d'heures de français par semaine ?
d. Combien on doit manger de fruits et légumes par jour ?

1. J'ai 4 bons copains.
2. Deux heures.
3. Au minimum 5.
4. 15 euros.

Les nombres de 70 à 100

• Observe

70 : soixante-dix
71 : soixante **et** onze
72 : soixante-douze
…
80 : quatre-vingt**s**
81 : quatre-vingt-un
82 : quatre-vingt-deux
…
90 : quatre-vingt-dix
91 : quatre-vingt-onze
92 : quatre-vingt-douze
100 : cent

- En Wallonie et en Suisse Romande, « **70** » se dit **septante** et « **90** » **nonante**. En Suisse Romande, « **80** » se dit **huitante**.

• Applique

7 Regarde les exemples puis dis les nombres.

60 13 : soixante-treize   *4* 20 : quatre-vingts
a. **60** 15   c. **4** 20 12
b. **60** 10 8   d. **4** 20 19

8 Dis ces numéros de téléphone.

a. 01 79 82 98 70   c. 02 99 81 71 95
b. 05 74 84 96 82   d. 08 95 83 72 91

Le pluriel des adjectifs irréguliers

• Observe

- Les adjectifs qui se terminent par « **al** » ont un pluriel en « **aux** ».
  un pull origin**al** → des pulls origin**aux**
- Les adjectifs qui se terminent par « **eau** » ont un pluriel en « **eaux** ».
  un nouv**eau** magasin → des nouv**eaux** magasins
- Les adjectifs qui se terminent par « **s** » ou « **x** » ne changent pas.
  un pantalon gris → des pantalons gris

• Applique

9 Complète les phrases avec l'adjectif entre parenthèses.

a. Des prix … (*spécial*).
b. Des costumes … (*régional*).
c. Des imperméables … (*original*).
d. Des pulls tout … (*doux*).

UNITÉ 6 Vocabulaire

Les vêtements
- une veste
- une robe
- un chemisier
- une chemise
- un short
- un tee-shirt
- un top
- un maillot de bain
- une doudoune
- un anorak
- un manteau
- un pull
- un blouson
- un jean
- un imperméable
- un pantalon

Vêtements et accessoires

Les chaussures
- des baskets
- des bottes
- des sandales
- des pantoufles

Les accessoires
- un collier
- une bague
- des bracelets
- des lunettes
- un chapeau
- une casquette
- une cravate
- une ceinture
- un bonnet
- des chaussettes
- un sac
- un foulard
- une écharpe
- des gants

1 Donne le nom de ces vêtements et accessoires.

2 Quels vêtements il/elle porte ? Donne des détails.

Elle porte un pull à rayures,...

3 C'est quelle saison ? Réponds.

C'est ...

C'est ...   C'est ...

C'est ...

quatre-vingt-douze

4 Qu'est-ce que tu mets dans ta valise quand tu vas…

a. à la mer ?

b. à la montagne ?

Je mets des pulls chauds, …

5 Donne une appréciation sur ces vêtements.

| chaud | large | long | sale |

a. Ces chaussures sont …

b.

c.

d.

Phonétique

Les sons [y] et [u]

- Le son [y] s'écrit généralement « u » mais aussi « û ».
  j**u**pe   p**u**ll   d**û**
- Le son [u] s'écrit généralement « ou » mais aussi « où » et « oû ».
  d**ou**d**ou**ne   pant**ou**fle   **où**   g**oû**t
- Pour prononcer le son [y], on ouvre très peu la bouche. Les lèvres sont légèrement avancées. La langue est en avant.
- Pour prononcer le son [u], on arrondit la bouche comme pour le son [o]. Les lèvres sont avancées. La langue est en arrière.

1 Écoute et répète. Combien de fois tu entends le son [y] et le son [u] ?

a. Un russe roux.
b. Loulou et Lulu jouent aux boules.

2 Écoute et dis quel mot tu entends. [y] ou [u] ?

a. joue – jus
b. poule - pull
c. tout - tu
d. pur – pour
e. sur – sourd
f. su – sous
g. bouche – bûche
h. roue – rue

3 Écoute les phrases et complète avec « u » ou « ou ».

a. Pour son g…ter, Mi…-Mi… a b… un j…s de m…res.
b. Man… et J…les c…rent dans la c…r d… collège.
c. Ma c…sine …rs…la j…e d… …k…lélé.

4 Avec ton/ta camarade, cherchez dans le livre des mots avec les sons [y] et [u] et inventez deux phrases comme dans l'activité 3.

MISSION 6
Drôle de fête de fin d'année
🔊 70 Écoute, réponds et réussis ta mission !

Papaoutai
Dites-moi d'où il vient
Enfin je saurai où je vais
Maman dit que lorsqu'on cherche bien
On finit toujours par trouver

👉 LES SUSPECTS

Louane Bikini
(une élève)

Louise Talon
(une professeur)

Louis Cravate
(le proviseur)

Alexandre Pul
(le DJ)

👉 LES ÉNIGMES

1. Le coupable porte une …
2. Le coupable porte un accessoire utile et parfois original.
3. Le coupable porte un pins de sa saison préférée. C'est quelle saison ?
4. Pour savoir l'âge du coupable, dis combien de fois tu entends le son [u] dans la chanson.
5. Le nombre de lettres du mot qui manque va te donner le deuxième chiffre.
6. Trouve les initiales du coupable.

LES INDICES

1. Regarde la table de mixage et mets les lettres dans l'ordre.

2. Cet accessoire apparaît 3 fois sur le dessin.

3. Regarde attentivement le haut-parleur et fais le rébus.

4. Chante ou lis la chanson du karaoké.

5. Complète le message écrit sur la serviette.

6. Cherche le nombre cinquante-huit sur le dessin.

Le coupable est
... .

Unité 6

Bilan

Compréhension orale

1. Écoute et réponds.
a. Avec qui Louisa fait les courses ?
   1. Une amie.   2. Sa sœur.   3. Sa mère.
b. Quelle couleur Louisa n'aime pas ?
c. Combien coûte la robe verte ?
d. Qu'est-ce que Louisa achète ?

a. Le carnaval a lieu à quelle saison ?
b. Que font les gens ? Donne 3 réponses.
c. Où se déroule le carnaval le plus célèbre de France ?

Compréhension écrite

2. Lis le texte et réponds.

Le carnaval

Le carnaval est une fête importante. Il a lieu en hiver. C'est une période où les habitants de la ville sortent déguisés et se retrouvent pour chanter, danser, faire de la musique dans les rues, jeter des confettis et défiler.
Le Carnaval de Nice est le plus grand carnaval de France et est connu dans le monde entier.

Interaction orale

3. Pose les questions suivantes à ton/ta camarade.
a. Quel est ton style vestimentaire ?
b. Décris ton vêtement préféré. Tu l'utilises quand ? Pour quelle(s) occasion(s) ?
c. Est-ce que tu participes aux fêtes dans ta ville ?
d. Tu participes au carnaval. Quel déguisement tu choisis ? Pourquoi ?

Portfolio

Je sais...
- dire ce que je porte.
- caractériser les vêtements.
- faire des achats.

Je connais...
- les adjectifs démonstratifs.
- le pluriel des adjectifs irréguliers.

Je sais utiliser...
- le verbe *mettre*.
- *Pourquoi... ?/ Parce que...*
- le futur proche.

Je connais...
- les nombres de 70 à 100.
- le nom des vêtements.
- les saisons.

Je sais prononcer...
- les sons [y] et [u].

Entraînement au DELF A1

COMPRÉHENSION ORALE

1 Écoute le document puis réponds. 🎧 72

a. Pour le déjeuner, il y a :

b. Timéo doit :
1. donner à manger au chien.
2. amener le chien chez le vétérinaire parce qu'il est malade.
3. faire vacciner le chien chez le vétérinaire.

c. Timéo va dîner :
1. seul.   2. avec sa grand-mère.   3. avec sa mère.

d. À quelle heure Timéo doit téléphoner à sa mère ?
1. À 17 h 30.   2. À 18 h.   3. À 19 h.

2 Écoute le message. Dis quels objets sont cités.
Écoute à nouveau le message et vérifie tes réponses. 🎧 73

COMPRÉHENSION ÉCRITE

3 Tu reçois ce message d'une amie. Lis et réponds aux questions.

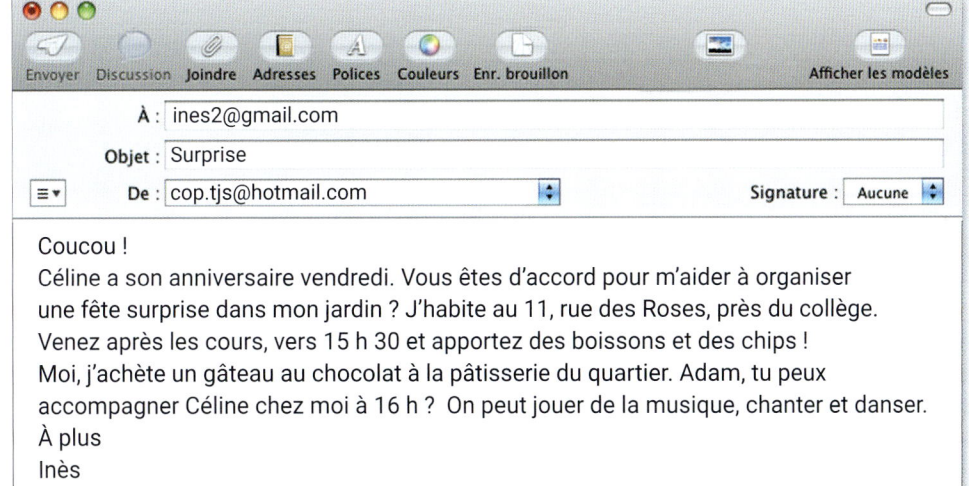

À : ines2@gmail.com
Objet : Surprise
De : cop.tjs@hotmail.com

Coucou !
Céline a son anniversaire vendredi. Vous êtes d'accord pour m'aider à organiser une fête surprise dans mon jardin ? J'habite au 11, rue des Roses, près du collège. Venez après les cours, vers 15 h 30 et apportez des boissons et des chips !
Moi, j'achète un gâteau au chocolat à la pâtisserie du quartier. Adam, tu peux accompagner Céline chez moi à 16 h ? On peut jouer de la musique, chanter et danser.
À plus
Inès

a. **Inès prépare :**
1. une soirée entre amis.
2. une fête.
3. un dîner.

b. **Où a lieu l'événement ?**
1. Chez Céline.
2. Chez Inès.
3. Au collège.

c. On peut apporter :

d. À quelle heure il faut arriver chez Inès ?
1. À 15 h.   2. À 15 h 30.   3. À 16 h.

e. Qu'est-ce qu'on va faire à la fête ?

PRODUCTION ORALE

4 Tu réponds aux questions.

a. C'est quand ton anniversaire ?
b. Tu invites qui à ton anniversaire ?
c. Quelle est la profession de tes parents ?
d. Quels sont tes loisirs préférés ?
e. Quelle cuisine tu aimes ?
f. Quel style de vêtements tu portes ?

5 Tu poses des questions à l'aide des mots suivants.

petit-déjeuner – été – fête – profession – âge – sports – loisirs – vêtements – fruits

6 Tu es en France. Tu vas au centre commercial pour acheter des vêtements.
L'examinateur joue le rôle du vendeur/de la vendeuse.

PRODUCTION ÉCRITE

7 Lis le mail. Tu réponds à Kylian pour lui parler de ton sport et de tes loisirs préférés. (40 mots minimum.)

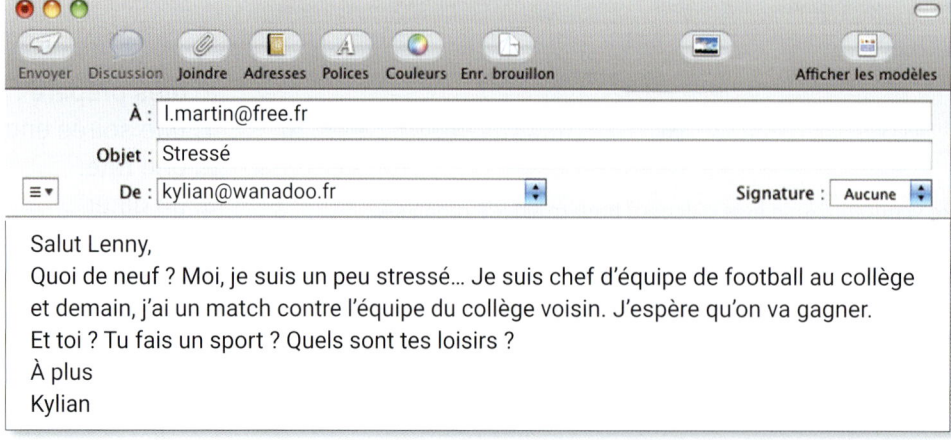

Vocabulaire

Unité 0

 salut / bonjour
 au revoir
 un bus
 un croissant
 une guitare
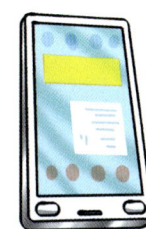 un smartphone

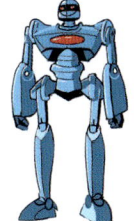 un robot
 un calendrier
 un mois
 une semaine
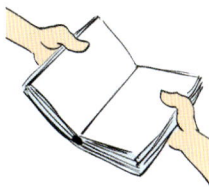 ouvrir (un livre)
 lire

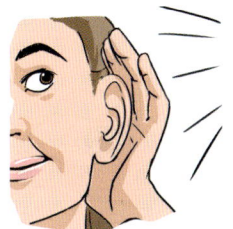 écouter
 écrire

Unité 1

 français(e)
 américain(e)
 italien(ne)
 espagnol(e)
 belge
 canadien(ne)

 tunisien(ne)
 libanais(e)
 marocain(e)
 grec(que)

Vocabulaire

Unité 2

 un cartable
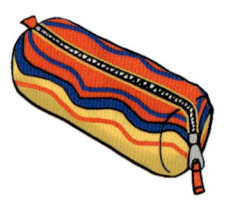 une trousse
 une tablette
 un cahier
 un livre
 un crayon

 des crayons de couleur
 un taille-crayon
 un stylo
 un feutre
 des peintures
 des pinceaux

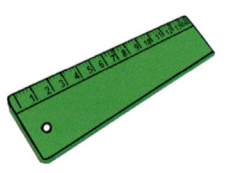 une règle
 des ciseaux
 une équerre
 un ordinateur
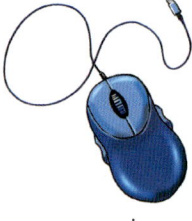 une souris
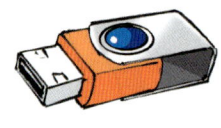 une clé USB

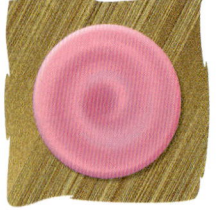 rose
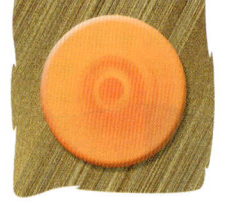 orange
 vert
 bleu
 blanc
 rouge

noir
mathématiques
 histoire
 géographie
 musique
il est trois heures

| il est trois heures et quart | il est trois heures et demie | il est quatre heures moins le quart | il est midi / minuit |

Unité 3

la musique | le foot | le rugby | la lecture | le skateboard | les jeux vidéo

   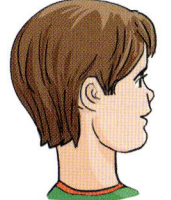 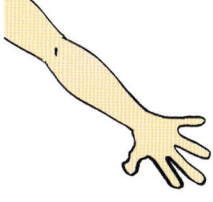 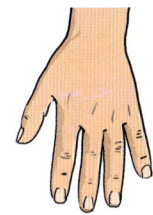

le théâtre | le cirque | une montagne russe | la tête | le bras | la main

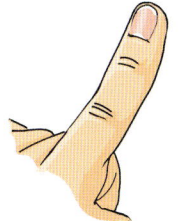  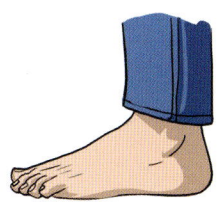 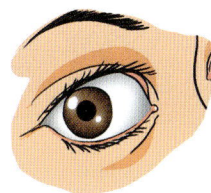  

le doigt | la jambe | le pied | l'œil / les yeux | aimer | adorer

préférer | détester

Vocabulaire

Unité 4

 le père
 la mère
 le frère
 la sœur
 le grand-père
 la grand-mère

 l'oncle
 la tante
 le cousin
 la cousine
 brun(e)
 blond(e)

 un chat
 un chien
 un hamster
 un perroquet
 un anniversaire
 un cadeau

 un gâteau
 des bougies
 la fête

Unité 5

 une aubergine
 une courgette
 un concombre
 une tomate
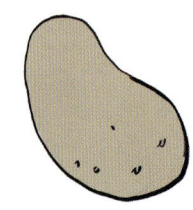 une pomme de terre
 une banane

Vocabulaire

cent trois

Vocabulaire

Unité 6

 un tee-shirt

 une chemise

 un jean

 une jupe

 un short

 un pull

 une veste

 un manteau

 un anorak

 un maillot de bain

 un imperméable

 des chaussures

 des baskets

 des bottes

 un uniforme

 un déguisement

 un chapeau

 une casquette

 des lunettes de soleil

 un sac

 un bracelet

 un collier

 une bague

Transcriptions

Unité 0

page 7, activité 2
1. – Salut, Emma. À demain.
   – Salut Benoît. Salut Norah.
2. – Bonjour Julie.
   – Bonjour Lison. Ça va ?
3. – Bonne journée, monsieur.
   – Merci. Toi aussi.

page 8, activité 12
11 : onze	18 : dix-huit	25 : vingt-cinq
12 : douze	19 : dix-neuf	26 : vingt-six
13 : treize	20 : vingt	27 : vingt-sept
14 : quatorze	21 : vingt et un	28 : vingt-huit
15 : quinze	22 : vingt-deux	29 : vingt-neuf
16 : seize	23 : vingt-trois	30 : trente
17 : dix-sept	24 : vingt-quatre	

Unité 1

Leçon 1

page 12, vidéo 1
C'est qui ?
– Salut Clara.
– Salut Léna, ça va ?
– Ça va bien merci. C'est qui ?
– C'est monsieur Lambert, le prof de français. Il est super sympa.
– Bonjour.
– Bonjour monsieur.
– Voici Jason. Il est nouveau. Jason, voici Léna et Clara. Je vous laisse. À tout à l'heure.
– Tu t'appelles José ?
– Non, Jason. Jason Smith.
– Pardon. Tu es anglais ?
– Non, je suis américain.
– C'est l'heure. On y va ?
– Ok. À tout à l'heure, Jason.
– Salut Clara. Salut Léna.
– Il est sympa, non ?

page 13, activité 4
a. – Comment il s'appelle ?
   – Il s'appelle Maël.
   – Il est pas mal.
b. – C'est qui ?
   – C'est le nouveau professeur de maths.
   – Comment il s'appelle ?
   – Monsieur Dubois.
c. – Salut, comment tu t'appelles ?
   – Moi, je m'appelle Inés et toi ?
   – Moi, je m'appelle Lison.

page 13, activité 6
Exemple : Bonjour, je m'appelle Djibril Alami. Alami, ça s'écrit A-L-A-M-I.

a. Moi, c'est Alvaro Lopez. Lopez, ça s'écrit L-O-P-E-Z.
b. Je m'appelle Aya Mendula. Ça s'écrit M-E-N-D-U-L-A.
c. Moi, c'est Jessica Parker. Parker P-A-R-K-E-R.

Leçon 3

page 17, activité 4
1. Je m'appelle Élisabeth. J'habite à Montréal. Je parle deux langues : anglais et français, bien sûr !
2. Moi, c'est Maurice. J'habite à Abidjan. À la maison, on parle français. À l'école, on parle français, anglais et allemand.
3. Moi, c'est Akim. J'habite à Casablanca. Je parle 3 langues : français, arabe et espagnol.

Jeu

page 22
Mission 1
Les hackers attaquent
Bonjour à toutes et à tous !
Voici votre première mission.

Les hackers attaquent. L'un d'eux est sur le profil Instagram de l'acteur Omar Sy.

Votre mission : découvrir qui est le coupable.
Bonne chance !

Bilan

page 24, activité 1
a. – Bonjour Enzo, ça va ?
   – Bonjour madame Godard.
b. – Je m'appelle Timéo, et toi ?
   – Moi, je m'appelle Iris.

page 24, activité 2
a. Je suis américain.
b. Elles sont japonaises.
c. Tu es allemande.
d. Il est suisse.

Unité 2

Leçon 1

page 26, vidéo 2
Visite du collège
– Bonjour monsieur le proviseur.
– Mais… qu'est-ce que tu fais là ? Pourquoi tu n'es pas en classe ? Tu ne peux pas être dans le couloir !
– Voici le bureau de monsieur le proviseur.
– Ben, qu'est-ce que tu fais ?
– Bonjour, je vous filme ! Et voici notre classe.
– Salut Zohour, qu'est-ce que tu fais ?
– Moi, je filme. Et vous ?
– C'est l'heure du sport ! On va à la gym !
– Et voici le gymnase du collège ! Il est bien, non ?
[…]
– Voici la cantine. Vivement l'heure du déjeuner !

page 27, activité 3
a. C'est un crayon.
b. Ce sont des livres.
c. Ce sont des stylos.
d. C'est une trousse.

page 27, activité 4

Dans ma trousse, j'ai une règle verte, des ciseaux jaunes et bleus, un crayon noir et quatre crayons de couleur et deux stylos, un bleu et un violet.

Leçon 2

page 29, activité 4

– Maintenant, on a français et après ?
– On a arts plastiques…
– Super, j'adore mais après la récréation, c'est maths… bof !
– Puis histoire, c'est sympa et enfin… le déjeuner !

page 29, activité 6

– Quelle heure est-il ?
– Il est deux heures moins le quart.
– À quatre heures et demie, on va à la piscine ?
– Non, j'ai sciences de quatre heures à cinq heures.
– Mia peut venir ?
– Non, elle est dans ma classe.
– C'est vrai… alors, un autre jour…

Leçon 3

page 30, activité 4

Dessine une table verte. Sur la table, dessine une chaise noire. Entre la chaise et le bureau, dessine un livre rouge. Sous le bureau, dessine une clé USB jaune.

page 30, activité 6

31 : trente et un	40 : quarante
32 : trente-deux	41 : quarante et un
33 : trente-trois	42 : quarante-deux
34 : trente-quatre	43 : quarante-trois
35 : trente-cinq	44 : quarante-quatre
36 : trente-six	45 : quarante-cinq
37 : trente-sept	46 : quarante-six
38 : trente-huit	47 : quarante-sept
39 : trente-neuf	48 : quarante-huit
	49 : quarante-neuf
50 : cinquante	60 : soixante
51 : cinquante et un	61 : soixante et un
52 : cinquante-deux	62 : soixante-deux
53 : cinquante-trois	63 : soixante-trois
54 : cinquante-quatre	64 : soixante-quatre
55 : cinquante-cinq	65 : soixante-cinq
56 : cinquante-six	66 : soixante-six
57 : cinquante-sept	67 : soixante-sept
58 : cinquante-huit	68 : soixante-huit
59 : cinquante-neuf	69 : soixante-neuf

Jeu

page 36

Mission 2
Complot au collège
Bonjour à toutes et à tous !
Voici votre nouvelle mission.
Aujourd'hui, gros problème au collège ! Cet après-midi, monsieur Class, le professeur d'anglais, madame Louvre, la professeure de français et monsieur Moustache, le professeur d'espagnol ne sont pas au collège. Où sont-ils ?
Votre mission : découvrir le responsable de leur absence, l'arrêter et trouver les professeurs.
Bonne chance !

page 37

Au secours ! Au secours !

Bilan

page 38, activité 1

a. Un livre.
b. Un ordinateur.
c. Un fauteuil.
d. Une table.
e. Une chaise

Unité 3

page 39, activité 1

a. Nous, on aime faire des jeux vidéo.
b. Moi, j'écoute de la musique partout, tous les styles.
c. J'adore le foot, j'ai toujours un ballon avec moi.
d. Ma passion, la lecture ! Je lis tout le temps.
e. Le skateboard, c'est génial !

Leçon 1

page 40, vidéo 3

Les activités extrascolaires
– Bonjour, je fais un sondage sur les activités extrascolaires. Toi, tu fais quoi ?
– Ben moi, c'est le foot !
– Bonjour, Clara ! Toi, tu fais quoi comme activité extrascolaire ?
– Moi, c'est la musique ! La guitare, tu vois ?
– Salut Jason ! Toi, tu ne fais pas d'activité extrascolaire ?
– Si, moi, c'est les jeux. Je suis un champion !
– Bravo ! Moi, j'adore FIFA !
– Moi aussi !
– Zohour, tu joues dans cette pièce ?
– Oui, je suis dans l'atelier théâtre !

page 40, activité 2

a. Comme Harry Potter, je pratique la magie.
b. Avec moi, les enfants rient beaucoup.
c. J'aime le cirque, j'apprends à jongler avec des balles.
d. Moi, j'aime l'acrobatie.

page 41, activité 5

Je pratique le e-sport. C'est le sport des jeux vidéo !
Le jeu GymStar est génial ! Il se contrôle avec la voix. Je parle et les personnages bougent. Regarde !
Axel, écarte les jambes et lève le bras droit.
Très bien ! Saute ! Marche !
Parfait ! Allonge-toi sur le dos et lève la tête.
Tu veux essayer ?

Leçon 2

page 42, activité 3

– Bonjour Inaya. Quelles activités tu aimes et quelles activités tu n'aimes pas ?
– J'adore courir mais je déteste marcher et faire des promenades. J'aime regarder des séries mais je préfère jouer aux jeux vidéo. J'aime aussi faire la cuisine, surtout faire des gâteaux. J'aime aussi aller aux concerts mais je n'aime pas voir des expositions.

Leçon 3

page 45, activité 5

Louise et ses camarades sont au parc Astérix avec madame Bonnard, la professeure d'histoire. Elle enregistre le programme pour écrire un article dans le journal du collège.

Cette année, en histoire, nous travaillons sur la Rome antique... et nous voilà au Parc Astérix pour voir des Romains et... des Gaulois très amusants !
Il est 10 h. Nous arrivons au parc.
Astérix et Obélix, les sympathiques personnages des bandes dessinées d'Uderzo et de Goscinny sont là. Ils nous disent bonjour.
Alex fait de belles photos.
Le matin, c'est activités ludiques. Donc on va faire l'attraction *Oziris* : de longues montagnes russes impressionnantes.
On adore !
À midi, c'est l'heure de manger et nous allons, bien sûr, au *Relais Gaulois*.
Cet après-midi, nous assistons à un spectacle.
Cette belle journée commence bien !

Jeu

page 50
Mission 3
Le « Van Gogh » vandalisé
Bonjour à toutes et à tous !
Vous avez une nouvelle mission à l'école de peinture.

L'année commence très mal. En effet, une reproduction du tableau *La nuit étoilée* de Van Gogh est abîmée, tachée avec de la peinture.

Votre mission : découvrir qui est le coupable.
Bonne chance !

Bilan

page 52, activité 3
a. J'aime le tennis mais je déteste le ping-pong.
b. J'adore le foot mais je n'aime pas le rugby.
c. Je n'aime pas faire la cuisine mais j'adore les gâteaux.
d. Le cinéma ? J'aime bien mais pas les séries télévisées.
e. Je n'aime pas peindre mais j'adore faire des photos.

Entraînement au DELF A1

Compréhension orale

page 53, activité 1
Situation 1
– Il y a des activités extrascolaires au collège ?
– Oui, beaucoup.
– Toi, tu fais quelle activité, du foot ?
– Non, moi, je suis à l'atelier théâtre. C'est super !

Situation 2
– Salut, ça va ?
– Oui et toi ?
– Bien, merci. C'est qui ton professeur de français cette année ?
– Madame Lambert.
– La chance ! Elle est super sympa.

Situation 3
– Tu as quel cours ce matin ?
– De 8 h 30 à 9 h 30, j'ai anglais et puis maths. Et toi ?
– Moi, j'ai gym et ensuite technologie.
– C'est cool !

Situation 4
– À midi, tu manges chez toi ?
– Non, je vais à la cantine.
– Ah bon ? Moi, je préfère rentrer.
– Pourquoi ? On est avec les copains, c'est sympa et la nourriture est bonne.

page 53, activité 2
Salut ! C'est Milo ! Demain, on a arts plastiques. Apporte des ciseaux, des crayons de couleur et des feutres. J'ai un rouleau de scotch et un tube de colle dans mon casier. On se retrouve à 8 heures devant la salle 13. À demain !

Unité 4

page 55
Benjamin a quatre mois. C'est un enfant adopté. Son père, Paul, est martiniquais et sa mère, Sali, est sénégalaise. Les parents de Sali ont l'air sévère mais la grand-mère adore son petit-fils.

Leçon 1

page 56, vidéo 4
La famille de Léna
Aujourd'hui, je présente ma famille !
Voici mon père, il s'appelle Stéphane, il est photographe.
Voilà ma mère, elle s'appelle Liane, elle est professeure.
J'ai un frère, Théo. Il est étudiant.
Voici ma sœur Manon. Elle est avocate.
Voici mes grands-parents. Ils s'appellent Francis et Agathe. Ils sont acteurs !
Heu... voilà. Ah non ! Il y a aussi Tobby, c'est mon chien ! Tobby est très important dans la famille !

page 57, activité 5 a.
– Bonjour Nolan. Tu as deux frères et une sœur ?
– Oui.
– Tes frères s'appellent comment ?
– Ils s'appellent Mathias et Kenzo.
– Et ta sœur ?
– Ma sœur, c'est Maïssa.
– Maïssa... la fille du collège ?
– Oui, c'est ma sœur !
– Ah, OK ! Et tu as aussi des oncles et des tantes ?
– Ben, ma mère a deux sœurs, Anissa et Mona. Mais elle n'a pas de frère. Ma tante Mona est mariée. Son mari s'appelle Raphaël. Ils ont deux filles, Iris et Laura. Ce sont mes cousines.
– Cool ! Elles habitent ici tes cousines ?
– Oui.
– Vous êtes une grande famille.
– Oui, et j'adore ma famille.

Leçon 2

page 58, activité 1
Eugénie le Sommer est une jeune footballeuse internationale française. C'est la meilleure buteuse de l'équipe de France. Elle a huit frères et sœurs et est très proche de sa famille. Eugénie n'est pas très grande et elle est musclée. Elle a de longs cheveux blonds et des yeux clairs. Elle est rapide, vive et elle est toujours souriante.

page 58, activité 3
1. Je m'appelle Coco. Je n'aime pas Lulu.
2. Anis et moi, nous sommes petits, blancs et marron.
3. Ni Avril sans moi, ni moi sans Avril.
4. Miam ! Mon repas préféré c'est un joli oiseau vert et jaune.
5. Princesse, elle est belle, rousse et élégante et elle a de si beaux yeux noirs !
6. Diamant, il est grand et fort, mais il est souvent sale !

Leçon 3

page 60, activité 2
– On va où pour ton anniversaire ? Chez ton oncle, dans son grand jardin, comme l'année dernière ?

– Non ! On peut aller… je ne sais pas moi, à la patinoire, au bowling, à l'aquarium, c'est génial… non ?
– Bof ! Pourquoi on ne va pas à l'escape game ?
– Ouah ! Super ton idée ! je prépare les invitations.

page 61, activité 6

a. – Merci pour l'invitation. Oui, je viens ! Mes parents, mes deux frères et mon chien Tobby viennent aussi ! Est-ce qu'on peut apporter le gâteau ?
b. – Bonjour Éva, c'est Tonton Charles. Désolé, je ne peux pas venir. Je suis à la montagne. Je te souhaite un bon anniversaire ! Vous venez à la maison cet été ?
c. – Oui, nous venons, avec tes trois cousins, tes deux cousines et heu… une surprise !

Phonétique

page 65, activité 2

a. blond
b. souriant
c. bon
d. lent
e. mignon
f. gentil

Jeu

page 66

Mission 4
Libérer la famille Abams
Bonjour à toutes et à tous !
Vous avez une nouvelle mission : Libérer la famille Abams.
Le jour de l'anniversaire de Luna, la petite fille de la famille, tout le monde disparaît.
Votre mission : découvrir le coupable de la disparition et l'arrêter.
Il faut aller vite car il peut s'échapper !

Bilan

page 68, activité 1

a. l'enfant
b. le père
c. la mère
d. la grand-mère
e. le grand-père

Unité 5

Leçon 1

page 70, vidéo 5

Des plats francophones
– Ma famille est de Nancy. Le plat traditionnel, c'est la quiche lorraine ! Tout le monde aime la quiche lorraine ! On prépare la pâte, on mélange les œufs, la crème, le fromage et les lardons. On ajoute la préparation sur la pâte et hop au four 40 minutes. C'est facile et délicieux !
– Moi, ma famille est de Casablanca. Le plat typique, c'est le couscous, super bon ! Il faut des merguez, des tomates, des carottes, des courgettes, du poulet, des pois chiches, des épices et de la semoule. On met les légumes et le poulet dans une casserole et on fait cuire longtemps, puis on ajoute les merguez et l'harissa. On ajoute la semoule au moment de manger. C'est prêt !

page 71, activité 4

Bonjour, je m'appelle Anaïka. J'habite à la Réunion. Voici un plat typique de chez moi : le rougail saucisse.
Dans ce plat, il y a des tomates, des saucisses, des oignons, de l'ail, du piment et des épices. On le sert avec du riz. C'est très bon !

Leçon 2

page 73, activité 6

– Et vous, jeune homme, qu'est-ce que désirez ?
– En entrée, je voudrais la salade tomate mozzarella et comme plat, la lasagne.
– Et comme dessert ?
– Je voudrais la tarte aux pommes, s'il vous plaît.
– Très bien. Merci.

Leçon 3

page 74, activité 2

Je m'appelle Louise. Je suis très sportive. Je mange beaucoup de céréales, surtout intégrales, des pommes de terre ou des légumes secs à chaque repas, un peu de viande, de poisson et des œufs et beaucoup de fruits et légumes. Parfois, je mange trop de chocolat.

Moi, c'est Enzo. Je suis végétarien. Je mange beaucoup de fruits et légumes, des céréales et des légumes secs, un peu d'œufs et des produits laitiers. Mais je mange un peu trop de fromage. J'adore !

Phonétique

page 79, activité 2

a. Pour la chandeleur, on fait des crêpes et des beignets.
b. Ma grand-mère prépare une soupe aux châtaignes.
c. Dans ce plat, il y a des navets, des courgettes, des pommes de terre et des carottes.
d. Dimanche, pour le déjeuner, je prépare de l'agneau à la grecque et un sorbet à la mandarine.

Jeu

page 80

Mission 5
Panique à la cantine
Bonjour à toutes et à tous !
Vous avez une nouvelle mission.
Aujourd'hui, panique à la cantine du collège. Le chef cuisinier est malade. Ses aides ne se souviennent pas du menu. Autre problème : il n'y a pas de chocolat… étrange ! Vous avez une double mission : aider les cuisiniers à faire le menu et trouver qui a pris le chocolat. Il faut faire vite car il est tard…
Bonne chance !

Bilan

page 82, activité 1

a. yaourt
b. fromage
c. poisson
d. carottes
e. banane
f. gâteaux

Unité 6

page 83, activité 1

a. Je suis petit et brun. Je suis à côté de mon ami Ethan. Je porte un short et une chemise à carreaux bleue et verte.
b. Je suis grande et j'ai les cheveux châtain et longs. Je porte un jean, des baskets bleues et un tee-shirt blanc.
c. J'ai les cheveux longs et blonds. J'ai une jupe en jean, un tee-shirt à rayures blanc et bleu et des chaussures roses.
d. Je suis la première de la photo. J'ai les cheveux longs, blonds et frisés. Je porte un jean troué et un tee-shirt rose. J'ai un bracelet rouge et blanc et un sac marron.

Leçon 1

page 84, vidéo 6
Collecte de vêtements pour le voyage de fin d'année
– Nous sommes au Collège Jean Moulin où une classe fait une collecte de vêtements pour avoir des fonds pour un voyage de fin d'année. Léna nous explique le projet.
– Bonjour Léna.
– Bonjour.
– Alors, explique-nous votre projet.
– Eh bien voilà, on demande aux élèves d'apporter des vêtements propres, sans taches et pas vieux pour les vendre. Regardez, on a fait des affiches pour avoir plein de choses.
– D'accord, et là, qu'est-ce que vous faites ?
– Nous classons les vêtements que nous avons : des chaussures, des sweet-shirts, des robes, des pulls, des vestes, des doudounes et aussi des accessoires : des écharpes, des gants, des colliers, des bracelets… tout ce qui est en bon état.
– Et ensuite ?
– Venez ! Vous voyez, on installe les stands et on met le prix sur les étiquettes. Le prix est toujours un euro. Et cet après-midi, c'est la vente ! Tous les élèves du collège vont venir voir et acheter quelque chose. Ça va être super !
– C'est bien ce que vous faites ! Je vous souhaite beaucoup de succès.

page 85, activité 3
– Cette salopette est super, non ?
– Oui, pas mal mais je n'aime pas la couleur. Regarde, ce tee-shirt à rayures est génial.
– Oui, j'adore mais je ne veux pas l'acheter. Il est court et on voit le nombril. Ma mère déteste. Et toi, tu trouves quelque chose d'intéressant ?
– Oui, cette jupe en jean. C'est vraiment mon style.

page 85, activité 5
– C'est quoi ce déguisement ?
– Ben… c'est un déguisement de vampire.
– Pourquoi tu mets ce déguisement, c'est carnaval, ce n'est pas halloween ?
– Parce que j'aime faire peur !
– Les vampires… ce n'est pas très original !
– Je sais mais je n'ai pas d'autres déguisements.
– Viens chez moi. Nous mettons souvent des déguisements avec mes frères. J'ai une collection entière !
– Super, merci !

Leçon 2

Phonétique

page 87
Ouri porte une superbe doudoune rouge et un bonnet multicolore. Julie porte sa jolie jupe turquoise et son top blanc avec des lunes.

page 87, activité 6
a. J'adore mes nouvelles pantoufles. Elles sont très confortables.
b. Oh non ! Ton tee-shirt est sale ! Qu'est-ce que tu as fait !
c. J'adore porter des jeans troués. Je trouve ça cool !
d. Cette jupe longue est parfaite ! Regarde, je t'envoie un selfie !
e. Ma doudoune est super chaude. Elle va très bien pour la randonnée.

Leçon 3

page 88, activité 1 a.
– Bonjour, je peux vous aider ?
– Oui, combien coûte cette veste ?
– Avec la promotion, elle est à 39,99 euros.
– Je peux l'essayer ?
– Oui, les cabines d'essayage sont au fond du magasin. Vous désirez autre chose ?
– Non, merci beaucoup.

page 88, activité 2

70 : soixante-dix	80 : quatre-vingts
71 : soixante et onze	81 : quatre-vingt-un
72 : soixante-douze	82 : quatre-vingt-deux
73 : soixante-treize	83 : quatre-vingt-trois
74 : soixante-quatorze	84 : quatre-vingt-quatre
75 : soixante-quinze	85 : quatre-vingt-cinq
76 : soixante-seize	86 : quatre-vingt-six
77 : soixante-dix-sept	87 : quatre-vingt-sept
78 : soixante-dix-huit	88 : quatre-vingt-huit
79 : soixante-dix-neuf	89 : quatre-vingt-neuf
90 : quatre-vingt-dix	95 : quatre-vingt-quinze
91 : quatre-vingt-onze	96 : quatre-vingt-seize
92 : quatre-vingt-douze	97 : quatre-vingt-dix-sept
93 : quatre-vingt-treize	98 : quatre-vingt-dix-huit
94 : quatre-vingt-quatorze	99 : quatre-vingt-dix-neuf

100 : cent

Phonétique

page 93, activité 2

a. joue   c. tu   e. sourd   g. bouche
b. pull   d. pur   f. su   h. rue

page 93, activité 3
a. Pour son goûter, Miou-Miou a bu un jus de mûres.
b. Manu et Jules courent dans la cour du collège.
c. Ma cousine Ursula joue du ukulélé.

Jeu

page 94
Mission 6
Drôle de fête de fin d'année
Bonjour à toutes et à tous !
Voici votre dernière mission.
C'est la fête de fin d'année au collège. Au programme : musique, karaoké et danse. Mais avant de commencer la fête, on va publier les notes finales : un moment très attendu ! Malheureusement, les notes n'apparaissent pas ! Qui garde les notes ? Pourquoi ? Trouvez vite le coupable. La fête doit commencer !
Bonne chance !

Bilan

page 96, activité 1
– Regarde Louisa, cette robe grise est magnifique !
– Maman, je n'aime pas le gris, c'est triste !
– Regarde ! Elle existe en jaune et en vert.
– Oui, la verte est jolie. Combien elle coûte ?
– Elle est à 29 euros mais avec la promotion elle coûte 14,99 euros. C'est une bonne affaire !
– Zut ! Il n'y a pas ma taille !
– Je vais demander au vendeur.
– Non ! Je préfère cette jupe en jean. Elle coûte seulement 9,99 euros.
– Oui, elle te va très bien. C'est parfait !

Entraînement au DELF A1
Compréhension orale

page 97, activité 1

Chéri, aujourd'hui, je suis au bureau et tu vas déjeuner seul. Il y a un steak frites et des fruits. Vers 17 h 30, tu dois amener le chien chez le vétérinaire. N'oublie pas le carnet de vaccination. Si tu veux, tu peux aller chez ta grand-mère. Je rentre à la maison vers 19 h pour dîner ensemble. Sinon, on va aller au restaurant. Timéo, appelle-moi vers 18 h.
Bisous

page 97, activité 2

Allô, Aline ? C'est Laure. Samedi soir, c'est l'anniversaire de Marie et je n'ai rien à me mettre. Tu veux venir avec moi au centre commercial ? Je voudrais acheter une robe et des chaussures. Si je ne trouve rien, je vais emprunter un chemisier et une veste à ma sœur. Vendredi après-midi vers 16 h, ça te va ? Merci. À très bientôt.

Crédits photographiques

(De gauche à droite et de haut en bas)

Couverture : Monkey Business/Adobe Stock – p. 7 : LIGHTFIELD STUDIOS, Photographee.eu, Antonioguillem, Richard Villalon, Zadin, vahekatrjyan, Evgeniy Zimin, Pixel-Shot, robynmac, azyryanov, besjunior, Mara Zemgaliete, sabelskaya/Adobe stock – p. 9 : AM_art, Porcupen, Insdes, Oligo, mivoyelle, alfasmart, yana, Gstudio/Adobe stock – p. 10 : yafi4, arabel0305, Arcady, yugoro, Fiedels, pathdoc, christianchan, luismolinero, chris_b_paris, jchizhe, Francois Poirier, Dmitriy, nata777_7/Adobe stock – p. 11 : Stephane Cardinale/Getty images, Brad Pict, Ikeskinen, 12ee12/Adobe stock – p. 13 : Ljupco Smokovski, Jasmin Merdan/Adobe stock – p. 14 : EnginKorkmaz/Adobe stock – p. 15 : 123levit, Studio_3321/Adobe stock, Toni Anne Barson, Edward Berthelot, Presley Ann, Edward Berthelot/Getty images, mimacz, Oleh/Adobe stock – p. 16 : Boris Stroujko, Kavalenkava/Adobe stock – p. 17 : Atelier Knox, Jan H. Andersen, ajr_images, Pablo, tinasdreamworld, Firefighter Montreal, Brocreative/Adobe stock, Foc Kan/Getty images – p. 18 : Asier, BillionPhotos.com/Adobe stock – p. 19 : Khorzhevska/Adobe stock – p. 20 : luismolinero/Adobe stock, Jon Kopaloff/Getty images – p. 21 : motive56/Adobe stock – p. 23 : janista/AdobeStock – p. 24 : Valerii Honcharuk, Atlantis, jovannig, aomvector, Tarik GOK/Adobe stock – p. 25 : sebra/Adobe stock – p. 26 : didecs, slava, larisa_stock/Adobe stock – p. 27 : pbombaert, Syda Productions, Chris Rose, castecodesign, ALF photo, M.studio/Adobe stock – p. 28 : Richard Villalon/Adobe stock, © BIS / Ph. Coll. Archives Larbor © Éditions Gallimard – p. 29 : JackF, kenkuza/Adobe stock – p. 30 : Praiwan Wasanruk, Maren Winter, Hervé Rouveure, WavebreakMediaMicro/Adobe stock – p. 32 : Nikolai Sorokin, YummyBuum, Liudmila, iconicbestiary, esoxx/Adobe stock – p. 33 : Anastasia Popova, L.Bouvier/Adobe stock – p. 34 : BillionPhotos.com, DoloresGiraldez, Kuzmick, worldofstock, magraphics, MicroOne, bravissimos, Lucky Dragon, WONG SZE FEI, dimedrol68/Adobe stock – p. 35 : Regormark, monticelllo, antimartina/Adobe stock – p. 37 : janista/AdobeStock – p. 38 : Sylvie Bouchard, LIGHTFIELD STUDIOS, Daniel Berkmann, kazy, Adobe stock – p. 39 : pressmaster/Adobe Stock – p. 40 : ValentinValkov, Nikolai Sorokin, Tiler84, fizkes, Natali, Max Topchii, Lucky Dragon/Adobe Stock – p. 41 : RedlineVector, paulzhuk, toyotoyo, NLshop/Adobe Stock – p. 42 : Tullio Puglia-UEFA/Getty images ; paulzhuk, felix, deagreez, Ljupco Smokovski, 4th Life Photography/Adobe Stock – p. 43 : deagreez, osame, fizkes, Prostock-studio, PR Image Factory, master1305/Adobe Stock – p. 44 : Moriz, Chinnapong, JackF, digitalskillet1, sutlafk, Pixel-Shot, Prostock-studio/Adobe Stock – p. 45 : Daniel Ernst/Adobe Stock ; Frederic Reglain/Getty images, Mint Fox/Adobe Stock – p. 48 : Zarya Maxim, Africa Studio, alexlmx, BillionPhotos.com, ARTYuSTUDIO, Sue Colvil, ASTA Concept/Adobe Stock – p. 49 : Beton Studio, Monkey Business, Syda Productions, JackF, GraphicsRF, Julien Tromeur/Adobe Stock – p. 51 : janista/AdobeStock – p. 52 : Popova Olga, ilynx_v, stockphoto-graf, Bruce Parrott, wideonet, euthymia, razihusin, selensergen, Monkey Business, BillionPhotos.com/Adobe Stock – p. 53 : Antonioguillem, David Fuentes, Art_Photo, JackF, Eléonore H, Pixel-Shot, Andrzej Tokarski, emuck,L.Bouvier, Stephane Sentenac, PL.TH, cbies/Adobe Stock – p. 54 : Brad Pict, joserpizarro, benschonewille, Maren – p. 55 : Il a déjà tes yeux/COLLECTION CHRISTOPHEL – p. 56 : Nomad_Soul, WavebreakmediaMicro, auremar, rimmdream/Adobe stock – p. 57 : Anna Om, iuricazac, MicroOne, JeanLuc, helenedevun, Patryssia, deagreez/Adobe stock – p. 58 : Catherine Steenkeste, David Wolff – Patrick, Stephane Cardinale - Corbis/Getty images, Rita Kochmarjova, Дмитрий Киричай, vitals, kisscsanad, Anastasiia/Adobe stock – p. 59 : Eric Isselée, meranda/Adobe stock, Lucky Luke/COLLECTION CHRISTOPHEL, Lou !, tome 05, de Julien Neel © Editions Glénat, 2009, Naruto/COLLECTION CHRISTOPHEL, Les Cahiers d'Esther 1, Riad Sattouf, Allary Éditions, 2016 – p. 60 : Halfpoint, Frog 974, Rawpixel.com, olgavolodina, Halfpoint, ftomasz, Jérôme Rommé, tuiphotoengineer/Adobe stock – p. 61 : Artenauta/Adobe stock – p. 64 : Monkey Business/Adobe stock, Famille Bélier/COLLECTION CHRISTOPHEL – p. 65 : George Dolgikh, Ruth Black, Timmary, Ruth Black, godfer/Adobe Stock – p. 67 : janista/Adobe Stock – p. 68 : Drazen, baluchis/Adobe stock ¬– p. 69 : Alexander Raths/Adobe stock – p. 68 : pixarno, Pineapple studio, grey, Brad Pict, Ivaylo, Picture Partners, Moving Moment, vitals, robynmac, Nitr, Stanislav Ostranitsa/Adobe stock – p. 71 : Swapan, Glenda Powers, M.studio, switchpipi/Adobe stock – p. 72 : FOOD-pictures, freeskyline, Brad Pict, ALF photo, Viktor, Stepanek Photography/Adobe stock – p. 73 : sergey985, JackF, almaje/Adobe stock – p. 74 : Okea, Antonioguillem, Prostock-studio/Adobe stock – p. 75 : Viktor, igorphoto50, Viktar Malyshchyts, lefebvre_jonathan, ksena32, cirquedesprit, Antonio, Roman Ivaschenko, CUKMEN, Kazandzhan/Adobe stock – p. 77 : Oleksandr, Szasz-Fabian Erika, New Africa, ALF photo/Adobe stock – p. 78 : anaumenko, Agence DER, Studio Gi, Viktor, ALF photo, fablok, Nata Studio, Sergiogen, Maris Kiselov, Tim UR/Adobe stock – p. 79 : michelaubryphoto, Brad Pict, Sergio Martínez, Mara Zemgaliete, EM Art, Gresei, niknikp/Adobe stock – p 82 : Adobe stock, stockphoto-graf, AlenKadr, Theeradech Sanin/Adobe stock – p. 83 : Brocreative/Adobe stock – p. 84 : v_sot, Artinun, Liudmila, lurs, iMAGINE, Prostock-studio, zinkevych, Jeanette Dietl/Adobe stock – p. 85 : ViDi Studio, Viktoriia, deagreez, Studio Romantic, ylivdesign/Adobe stock – p. 86 : Unclesam, pakkadsah/Adobe stock – p. 87 : uliaymiro37046, mstudio, sirfujiyama, vadarshop, HalynaRom/Adobe stock – p. 88 : Тарас Нагирняк, pict rider, slowcentury, Vector Tradition, paulcannoby, Ken, One Pixel Studio/Adobe stock – p. 89 : thanksforbuying, Africa Studio, DendraCreative, anngirna, andreusK, Evgen, be free/Adobe stock – p. 92 : New Africa, nys, Africa Studio, New Africa, Vera Kuttelvaserova, agneskantaruk, Maya Kruchancova, Yulia/Adobe stock – p. 93 : BillionPhotos.com, Africa Studio, markieann, Wayhome Studio, Simone van den Berg, alonesdj/Adobe stock – p. 95 : janista/Adobe Stock – p. 96 : sergeevana, Olga, lisakolbasabe stock – p. 97 : Alejandra, exclusive-design, ALF photo, MP2, New Africa, ballabeyla, Tarzhanova, ozaiachin/Adobe stock – p. 98 : monticelllo, Pixel-Shot, exclusive-design, Valerii Honcharuk, NDABCREATIVITY, Pixel-Shot/Adobe stock

Crédits vidéo

Langue Turquoise

Direction éditoriale : Béatrice Rego
Édition : Brigitte Faucard
Couverture : Sophie Ferrand, Dagmar Stahringer
Maquette intérieure : Dagmar Stahringer
Mise en page : AMG
Illustrations : Oscar Fernández, Conrado Giusti
Enregistrements audio : Vincent Bund
Vidéo : Langue Turquoise

N° Editeur : 10310015
Achevé d'imprimer en France en juillet 2025 par Estimprim - 25110 Autechaux